AMILIE
OSSI.
UNVERGESSLICH

Isabella Ackerl
Robert Bouchal
Ingeborg Schödl

Der schöne Tod in Wien

Friedhöfe
Grüfte
Gedächtnisstätten

Pichler Verlag

Inhalt

Vorwort

Ein unverrückbares Faktum im Leben ist, dass jeder Mensch ohne Ausnahme einmal sterben muss. Egal, welcher Rasse und Nationalität er angehört, ob er arm oder reich ist, der letzte Weg aus dem Leben bleibt ihm nicht erspart. Unterschiede gibt es dagegen beim Wann und Wie. Das soziale Umfeld, die gesundheitliche Versorgung und vor allem die finanzielle Situation bestimmen nicht nur die Qualität des Lebensweges bis zum letzten Atemzug, sondern beeinflussen auch die Dauer eines Menschenlebens. Doch so mancher Lebensfaden wird auch aus ideologischem Fanatismus vor der Zeit zerrissen. Unzählige Grabstellen und Gedächtnisstätten gerade des 20. Jahrhunderts geben Zeugnis von der Brutalität gegenüber Menschen, die ihrer politischen Überzeugung, ihrem Werteverständnis oder ihrem Glauben treu geblieben sind und der Gewalt Widerstand geleistet haben. Oder die als unschuldig Beteiligte zwischen die Fronten von Aggression und Vorurteilen geraten sind.

Der Tod ist nicht schön, selbst wenn er sanft und friedlich eintritt. Auf alle Fälle ist er endgültig. „Schön" wollen ihn aber die Zurückgebliebenen in Erinnerung haben. Durch besonders prunkvoll gestaltete Trauerfeiern und Begräbnisstätten will man nicht nur den Toten die letzte Ehre erweisen, sondern sich selbst die Konfrontation mit dem Tod „verschönern". Ästhetisch gestaltete Grabstätten, nobler bis üppiger Blumenschmuck, all dies dient dazu, auch dem Tod eine schöne Seite zu geben. Die Schönheit des Zeremoniells steht jeweils im Einklang mit zeittypischen Vorstellungen von Ästhetik.

Warum üben Friedhöfe so eine Faszination auf Besucher aus? Sie befriedigen den Wunsch, für die Verstorbenen und für den Besucher selbst, nicht vergessen zu werden. Friedhöfe sind Inseln der Ruhe in der Hektik des Alltags, sie sind auslösendes Moment für Nachdenklichkeit, die nicht beunruhigt. Friedhöfe sind Stätten, wo Menschen ihre Neugierde befriedigen können, denn Grabinschriften und Grabgestaltung erzählen auch Geschichten. Schließlich vermitteln sie das „schöne" Gefühl, noch zu leben, da zu sein, einfach die Freude am Überleben.

Ein Spaziergang auf einem Wiener Friedhof oder einer Gedenkstätte nahe Wien ist ein Lehrgang durch Geschichte und Kultur unseres Landes, informativ, besinnlich und ästhetisch ansprechend. Unsere aus persönlicher Sicht getroffene Auswahl gibt vielleicht Anreiz, sich selbst auf eine Entdeckungsreise zu begeben.

Isabella Ackerl — Ingeborg Schödl

Vom Massengrab zur „schönen Leich“

Totengedenken und Begräbnisriten gestern und heute

Sterben, Tod und Beisetzung wurden in der Menschheitsgeschichte immer schon von vielfältigen Kulthandlungen begleitet. Damit verbunden war die Sehnsucht des Menschen, in irgendeiner Form sein Weiterleben zu sichern. Mythische Vorstellungen, Beschwörungen, Okkultes – all das war Begleitmusik des Todes.
Ob die Leichen hockend oder wie ein Fötus gekrümmt bestattet wurden, ob ihre Grabstelle Richtung Osten ausgerichtet war, dorthin, wo der Lauf der Sonne seinen Ausgang nimmt, alles hat in irgendeiner Form sicherlich mit dem Wunsch nach einem Weiterleben oder der Wiedergeburt in einer anderen Welt zu tun.
Wie die ersten Menschen mit ihren Toten umgingen, entzieht sich unserer Kenntnis. Wahrscheinlich haben sie diese in der Natur zurückgelassen, wenn sich auf ihren Jagdzügen oder Wanderungen ein Todesfall ereignete. Die Höhlenbewohner werden wohl ihre Toten an entfernten Plätzen abgelegt, später durch Aufschichtung von Steinen vor dem Befraß durch Tiere geschützt haben. Dass der Mensch mit dem Tod auch jenseitige, unbekannte Mächte in Verbindung brachte, mit denen er sich gutstellen und die er versöhnen musste, steht außer Zweifel. Allein mit diesen urzeitlichen Ängsten und Versuchen, höhere Mächte gewogen zu stimmen, dürfte eine gewisse Ritualisierung einhergegangen sein.
Sobald die Menschen sesshaft wurden, bestatteten sie ihre Toten an fixen Plätzen außerhalb der Ansiedlungen. Archäologen fanden Reste von Brandbestattungen, in der Erde beigesetzte Tote, manchmal allein, zuweilen in größeren Gemeinschaftsgräbern. Diese klare Trennung von Wohnort und Begräbnisplatz wurde weit über die römische Besiedlungszeit hinaus in unseren Breiten aufrechterhalten.
In anderen Kulturen haben sich oft, allein klimabedingt, höchst unterschiedliche Beisetzungsrituale herausgebildet, sei es das rituelle Verbrennen in sehr heißen Ländern, sei es das Vermauern in Höhlen oder aufgerichteten Grabdenkmälern.
So bedeutsame und kulturell hochstehende Begräbnisriten, wie sie in Ägypten zur Pharaonenzeit üblich waren, sind nur im Zusammenhang mit komplizierten und intellektuell langfristig entwickelten Vorstellungen vom Jenseits, von einer transzendentalen Welt der Götter, die belohnen und strafen, möglich geworden. Die komplizierten und langwierigen Zeremonien und Rituale, die einen Pharao auf seinem letzten Weg begleiteten, entspringen nicht nur dem Wunsch, den Göttern gefällig zu sein, sondern beruhen auch auf der Stellung des Herrschers und seiner Position im Diesseits. Dies mündete letztlich in der Gottgleichheit oder Gottähnlichkeit des Pharaos oder der Herrscher anderer Kulturen, wie auch immer deren Titel gelautet haben. Je näher der Herrscher den Göttern angesiedelt wurde, desto erhabener und prunkvoller waren die begleitenden Zeremonien seiner Beisetzung. Wurde er den Göttern gleichgesetzt, so setzte sich sein Leben auf Erden unge-

Impression vom leider wild verwucherten jüdischen Friedhof in Währing.

brochen, vielleicht nur exzellenter im Jenseits fort. Dies bedeutete, dass alle ihm zu Lebzeiten zustehenden Luxusgüter des täglichen Gebrauchs ihn auf dem Weg in das Totenreich begleiten mussten. Denn auch dort herrschte Hierarchie, bildhaft durch Embleme des Herrschens, wie eine Krone oder ein Szepter, oder durch Luxusgüter zum Ausdruck gebracht. Daraus resultiert auch der Wunsch, nach dem diesseitigen Leben in einen unverändert erhaltenen Körper zurückkehren zu können, also musste der Körper, soweit nur irgend möglich, bewahrt, d. h. mumifiziert werden. Dieses viele Wochen dauernde Ritual der Mumifizierung eines Pharaos, das Entfernen der Weichteile, einschließlich des Gehirns, das bei den Ägyptern nicht den Stellenwert hatte wie in europäischen Vorstellungen, das getrennte Konservieren von einzelnen Weichteilen, das Umwickeln mit in Harz getränkten Leinenbinden, all dies hatte eine hoch entwickelte Kenntnis der natürlichen Vorgänge zur Voraussetzung.

Die reichen Grabbeigaben, die einen Pharao oder auch einen ägyptischen Würdenträger auf seiner Reise ins Totenreich begleiteten, weckten natürlich die Habgier von Grabräubern. Schon in vorchristlicher Zeit plünderten sie die leicht zugänglichen Grabstätten, so dass es nicht verwundert, dass man später dazu überging, die Gräber der Pharaonen geheim zu halten bzw. mit Wüstensand zu bedecken, um eine Beraubung zu verhindern. Trotzdem sind nur sehr wenige Gräber unversehrt von den Archäologen des 19. und 20. Jahrhunderts gefunden worden. Auch Bannflüche und Drohungen haben die skrupellosen Grabräuber nicht abhalten können. Schon lange vor der wissenschaftlichen Erforschung gelangten daher Zimelien (wertvoller Besitz antiker Herkunft) der ägyptischen Kultur, allerdings ohne entsprechende Einordnung in ein Umfeld, nach Europa. Auch hier waren Grabräuber immer wieder am Werk, zuletzt im Grab von Mary Vetsera, wie an anderer Stelle berichtet wird.

In der Antike wurden die Toten außerhalb der Wohnsiedlungen begraben, denn sie sollten die Lebenden nicht stören. Man nahm in Inschrift und Ausstattung der Grabdenkmäler auf den gemeinsamen Grabstätten, die an den Ausfallstraßen aus den Lagern oder Zivilstädten lagen, sehr sorgfältig abgestuft auf die gesellschaftliche Stellung des Verstorbenen Rücksicht.

Heimlich mussten dagegen die ersten Christen ihre Verstorbenen vor den Toren Roms entlang der Via Appia bestatten. Diese als Katakomben bezeichneten unterirdischen Grabanlagen dienten aber auch während der Zeit der Christenverfolgung als geheimer Versammlungs- und Zufluchtsort.

Awaren, Langobarden und jene vielen Völkerschaften, die auf ihrem Weg nach Süden den Donau- und Alpenraum passierten, legten ihre Grabstätten oft weit sichtbar in der Landschaft an. Hoch aufragende, künstlich aufgeschüttete Hügel – später nannte sie der Volksmund

Fast Schutz suchend schmiegt sich der kleine Ortsfriedhof an die Kirche der heiligen Petronilla.

„Mugl" – bargen zuweilen Ross und Reiter samt kostbaren Beigaben, die Zeugnis von der Bedeutung das Dahingegangenen ablegten.
Als das Christentum sich immer mehr ausbreitete, holte man auch die Toten in die Gemeinschaft der Lebenden zurück. Es galt der Grundsatz der *Communio sanctorum*, d. h. Kirche, die Gemeinschaft der Gläubigen und Friedhof lagen möglichst eng beieinander. So entstanden die ersten Friedhöfe rund um Kirchen, wie in Wien um St. Stephan, um die Minoritenkirche oder um St. Michael. Als die Siedlungen wuchsen, wurden die Friedhöfe bald zu klein bzw. war eine halbwegs hygienische Trennung zwischen Siedlungsbereich und Totenacker oft nicht mehr gegeben. Daher findet man nur mehr selten jene klassischen Dorffriedhöfe, die sich fast Schutz suchend an Kirchenmauern schmiegen. Ein schönes Beispiel dafür ist östlich von Wien der kleine Ortsfriedhof von Petronell-Carnuntum, der von einer im Kern romanischen Kirche aus dem 11. Jahrhundert überragt wird.
Im frühen Mittelalter hatten die Menschen noch einen vertrauten Umgang mit dem Tod, denn Sterben bedeutete für sie den Übergang von einem mühseligen Leben auf Erden in die Freuden des Paradieses. Im Spätmittelalter änderte sich das jedoch radikal. Der Gedanke an Strafe und Sühne für ein sündiges Erdenleben, an die Läuterung im Fegefeuer und an eine ewige Verdammnis in der Hölle rückte in den Vordergrund. Durch Ablassbriefe, Wallfahrten und fromme Stiftungen konnte man sich von der zu erwartenden Seelenpein, aber auch von

*Einst kostbar dekorierter,
nun zerfallender
Metallsarg in der Gruft
der Michaelerkirche.*

begangenen oder künftigen Sünden loskaufen. Die katholische Kirche verstärkte geschickt diese Ängste, da sie dadurch die Gläubigen gut für ihre Zwecke manipulieren konnte. Mit dem Wunsch, sich in den Himmel einzukaufen, konnte die rege Bautätigkeit in Rom finanziert werden und dies füllte so nebenbei noch die Privatschatulle einiger Kirchenfürsten. Einer der eifrigsten Ablassprediger war der Dominikaner Johannes Tetzel, der mit dem werbewirksamen Spruch: „Wenn das Geld im Kasten klingt, die Seele in den Himmel springt", durch die deutschen Lande zog.

Gebetsaufträge für Verstorbene an Klöster waren Teil der wirtschaftlichen Grundlage dieser Ordensgemeinschaften. Die über längere Zeit regelmäßig vergebenen Almosen und die Stiftung von Krankenhäusern, wie etwa des Wiener Bürgerspitals, oder von Siechenhäusern sollten die Aufenthaltsdauer des sicherlich sündigen Verstorbenen im Fegefeuer verkürzen.

Verstärkt traten nun auch die Standesunterschiede in der Gestaltung der Begräbnisse und der Bestattungen in den Vordergrund. Während man das gemeine Volk am dritten Tag nach dem eingetretenen Tod auf den „Freithöfen", meist nur in ein Tuch gewickelt, eingrub oder den Sarg via Totenrutsche in eine Massengruft beförderte, konnte sich der Adel ein prunkvolles Begräbnis in der Kirche leisten.

Die Feierlichkeiten begannen mit der Aufbahrung im Trauerhaus, von wo die Leiche in die Kirche überführt wurde und das Totenoffizium (9-teiliges Gebet) begann. Dann folgte eine gesungene Seelenmesse mit Opfergang, bei dem von den Anwesenden neben Geld auch Wein, Brot und Kerzen geopfert wurden. Mit dem Requiem endete die Totenfeier. Wie wohlhabend die Trauerfamilie war, konnte man an der Zahl der im Kondukt mitgehenden Kleriker erkennen, aber auch daran, in wie vielen pfarrlichen Totenbüchern eine Eintragung erfolgte und wie viele hl. Messen – für manche Seele sogar bis zu 1000 – zum Gedenken gelesen wurden. Die Trauerzeit dauerte 30 Tage, innerhalb welcher Arme für Almosen täglich für den Verstorbenen beten sollten.

Wohlhabende Bürger und Repräsentanten des Adels wurden in prunkvoller Garderobe in den Sarg gelegt. Die wertvolle Bekleidung, einschließlich Schuhwerk aus feinstem Leder und eines Samtbaretts, bezeugte die soziale Stellung des Verblichenen, und zwar für lange Zeit. Die hohe Qualität der Beigaben ließ diese nämlich Jahrhunderte überdauern und so feine Unterschiede für alle Zeiten festhalten. Als Grabbeigabe wickelte man noch einen Rosenkranz um die gefalteten Hände und legte ein Kreuz auf die Brust.

Noch größer waren die Bemühungen für dahingegangene Herrscher, vor allem in der Barockzeit wurde ein erheblicher Aufwand getrieben; spezielle Aufbahrungsbetten mit Baldachinen, großformatige Totenschilder mit dem Wappen des Verstorbenen, Trauergerüste (*Castra doloris* = wörtlich: Schmerzenslager), all das gehörte zum üblichen

Zeremoniell. Das spanische Zeremoniell sah drei offizielle Trauerformen vor: Die Landestrauer trat in Kraft, wenn ein regierender Herrscher starb; für ihn wurde ein Jahr lang getrauert und für sechs Wochen waren alle Lustbarkeiten in der Stadt verboten. Die Hoftrauer galt für Verwandte des Regenten und befreundete ausländische Herrscher, sie währte sechs Wochen bis drei Monate. Schließlich gab es noch die Kammertrauer für entferntere Verwandte, sie wurden vier Wochen hindurch betrauert. Das Hofzeremoniell schrieb jede Einzelheit der Trauerbekleidung bis zur Qualität der Stoffe vor.
Generell unterlag jegliches Trauerzeremoniell den Gesetzen sozialer Verträglichkeit, die festlegten, was „man" tun musste und durfte und was nicht. So wie man nicht unter seinem Stande heiraten sollte, wollte man auch nicht unter seinem Stande begraben werden, höchstens darüber. Solch strenges Zeremoniell kann auch als Indikator für Machtverhältnisse gesehen werden. Macht und Herkunft stellten sich in der Zeremonie dar, in sprachlosen Mitteilungen, die über ein gesellschaftlich allgemein verständliches Vokabular verfügen. Jeder Zeitgenosse wusste Bescheid. Daher gehören auch ausführliche Schilderungen von Begräbniszeremonien zu den hervorragenden Quellen über soziale und soziologische Zusammenhänge in einer Gesellschaft. Wer keinen Platz auf einem Friedhof fand oder wem ein christliches Begräbnis verweigert wurde, das waren gesellschaftliche Randgruppen, zumeist die Angehörigen „unehrlicher Berufe", wie Abdecker, Scharfrichter und deren Delinquenten. Sie erhielten ebenso wie Selbstmörder ein „Eselsbegräbnis", d. h. sie wurden am Pestanger oder auf einem Richtplatz verscharrt.
Selten geschah es, dass ein Herrscher demütig die Gleichheit aller Menschen vor dem Tod akzeptierte. Ein gutes Beispiel bietet hierfür Kaiser Maximilian I., der zu Lebzeiten alle Einzelheiten seiner Beisetzung festlegte. Er wünschte, dass man ihm die Haare abschnitt, die Zähne ausbrach und den nackten Körper geißelte, bevor man ihn in ein grobes Leinenkleid wie einen Büßer hüllte. Darüber sollte allerdings doch zur Wahrung der Hierarchie ein Brokatgewand kommen, bevor man ihn in die „Schatztruhe" legte, einen Sarg, den er schon seit Jahren mit sich geführt hatte. Er wurde in Wiener Neustadt in der Georgskapelle begraben, sein Herz ruht in Brüssel neben dem Sarg seiner über alles geliebten Frau Maria von Burgund. Das prunkvolle Grabmal in Innsbruck mit den großartigen Figuren seiner Vorfahren, die im Volksmund „die schwarzen Mander" genannt werden, ist nur ein Kenotaph und daher leer.
Maximilians Demutshaltung gegenüber dem Tod in Verbindung mit gleichzeitigem charismatischem Bewusstsein, was die eigene Position im diesseitigen Leben betraf, gehörte in manchen Adelskreisen zum frommen Selbstverständnis. Das „grobe Sterbhembde" lag schon Jahre vor dem Tod bereit. Die Variante für ärmere Bevölkerungskreise

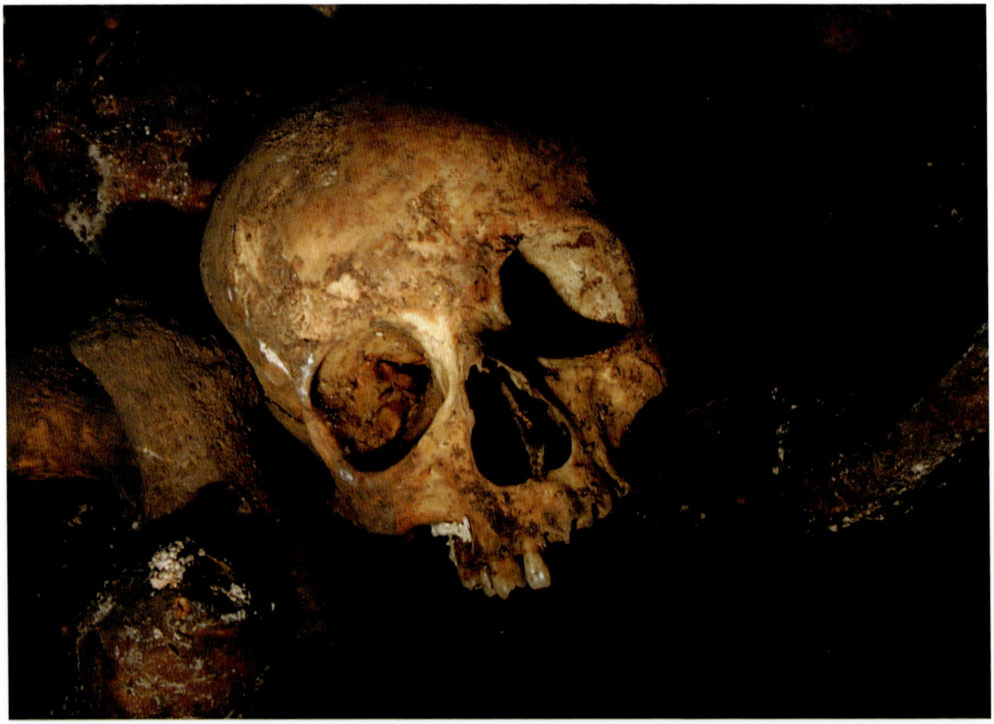

Im Massengrab verloren die Toten ihre Identität: Gebeine in den Katakomben des Stephansdomes.

bestand darin, im Hochzeitsanzug oder im Brautkleid, die für die letzte Stunde aufbewahrt wurden, die letzte Reise anzutreten.
Der Raum für die Toten wurde im mittelalterlichen Wien bald zu klein. Die Grüfte und Krypten waren überfüllt, auf den „Freithöfen" war ebenfalls kein Platz mehr. Außerdem nahm der Verwesungsgestank in der Stadt unzumutbare Ausmaße an, weil die Grabstätten ungenügend tief gegraben worden waren. Die Angst vor gesundheitlichen Schädigungen und Infektionen nahm zu. Durch das Bevölkerungswachstum begann man bereits im 16. Jahrhundert, die Begräbnisse in der Stadt zu reduzieren, und gewährte diese nur mehr fürstlichen Personen oder den Stiftern einer Kirche sowie Bischöfen, Äbten und Priestern. Man stieß dabei sowohl auf die Ablehnung der Bevölkerung als auch der Pfarren und Klöster, die dadurch eine Einnahmequelle, die sogenannten Stolgebühren, verloren.
Die österreichische Herrscherin Maria Theresia wollte das Bestattungswesen bereits regeln, doch so ganz hielten sich die Untertanen, vor allem die wohlhabende Bevölkerungsschicht, nicht daran. Erst ihr Sohn, Kaiser Joseph II., griff, wie auch in anderen Bereichen, radikal ein. Kirchhöfe und Grüfte mussten geschlossen werden, neue Friedhöfe wurden außerhalb der Stadtgrenze angelegt. Mit Hofdekret vom 13. September 1784 wurden auch die Tiefe und Breite der Gräber sowie der Abstand zwischen diesen festgelegt. Auch die Bestattungskosten, vom Honorar für Pfarrer, Totengräber, Messner bis zum Preis für Kir-

chenschmuck, versuchte Joseph II. zu regeln bzw. den Menschen vorzuschreiben.

Der einladende Christus vor dem Concordia-Schlössl, vis-à-vis vom Zentralfriedhof.

Zu einem wahren Aufruhr kam es aber, als der Kaiser per Hofdekret auch die Art der Bestattung festlegen wollte. Es sollten keine Einzelbestattungen mehr vorgenommen werden, sondern die Beerdigung in sogenannten Schacht- oder Massengräbern stattfinden. Als Grund wurde angegeben, dass der Landwirtschaft dadurch nicht zu viel fruchtbarer Boden entzogen werden solle: „Weil bei den Toten der einzige Zweck die Verwesung sei, so sollen diese in Hinkunft ganz ohne Kleidung in ein Tuch eingewickelt und mit Kalk bestreut werden." Zum Transport wurde ein Leihsarg verwendet, der aus Ersparnisgründen aus weichem Holz verfertigt war und keinerlei Verzierung aufwies. Dieser Sparsarg hatte einen Boden, der sich mittels Zugseil öffnen ließ. Die Leiche fiel in die Grube und der Sarg konnte wieder verwendet werden.

Das war den Wienern zu viel – die „schöne Leich'" ließen sie sich nicht nehmen. Der Widerstand war so groß, dass diese Verordnung per Hofdekret im Jänner 1785 bereits wieder aufgehoben wurde: „Da selbst die Wiener eine so große Sorgfalt für ihre Leiber auch noch nach ihrem Tode äußerten, ohne zu bedenken, dass sie alsdann nichts als stinkende Kadaver wären, so ist mir nichts weiter daran gelegen, auf was für eine Art sie künftig begraben sein wollen." Der große Reformer Joseph II. war gezwungen, einen Rückzieher zu machen.

Das Mausoleum der Industriellenfamilie Krupp in Berndorf.

Groß war auch die Angst davor, lebendig begraben zu werden, also die Angst vor dem sogenannten Scheintod. Eine amtliche Totenbeschau wurde zwar mit der 1656 erlassenen Infektionsordnung empfohlen, aber nicht immer eingehalten. Erst Ende des 18. Jahrhunderts kam es zu einer verpflichtenden Totenbeschau. Außerdem durfte die Bestattung erst nach 48 Stunden vorgenommen werden. Angeordnet wurde auch, dass der Leichnam in eine Totenkammer überführt werden sollte. Ein Hofdekret schrieb 1797 vor, dass bei der Aufbahrung an die Hand der Leiche eine Schnur mit einem Glöckchen anzubringen sei, die mit einer im Nebenzimmer befindlichen Person, in der Regel dem Totengräber, verbunden sein musste. Dieser „Rettungswecker" könnte in Zeiten mangelnder medizinischer Kenntnisse durchaus Leben gerettet haben. Noch 1874 wurde im *Illustrierten Wiener Extrablatt* ausführlich beschrieben, welche Vorkehrungen am Wiener Zentralfriedhof getroffen werden, damit das Begraben eines Scheintoten verhindert werde.

Ab der Mitte des 19. Jahrhunderts wurde ein Leichenbegängnis für einen Angehörigen des wohlhabenden Wiener Bürgertums wie ein Schauspiel inszeniert. Der Verstorbene wurde in seinem Wohnhaus in einem schwarz drapierten Zimmer aufgebahrt, dessen Bilder und Spiegel schwarz verhängt wurden. Ein in Trauerlivree gekleideter Bediensteter des Bestattungsunternehmens regelte vor dem ebenfalls schwarz dekorierten Eingang den Einlass der Trauergäste. Die ärmeren Schichten mussten dagegen meist zwei Tage lang ihren einzigen Wohnraum mit der Leiche teilen oder diese wurde unter dem Haustor aufgebahrt. Erst Anfang des 20. Jahrhunderts kam es auch zu Aufbahrungen in den Friedhofshallen, und ab August 1945 wurden diese in einem Wohnhaus aus sanitären Gründen ausnahmslos untersagt.

Begleiter und Gestalter eines Leichenbegängnisses waren bis Anfang des 20. Jahrhunderts private Gesellschaften, die in harter Konkurrenz, aber auch durch Preisabsprachen dieses Geschäft lukrativ gestalteten. Das war für den Wiener Bürgermeister Dr. Karl Lueger der Anlass dafür, das Bestattungswesen zu kommunalisieren und so einen einheitlichen Tarif für die Stadt zu schaffen. Bis dahin hatten sich die Unternehmen „Entreprise des pompes funèbres" und „Concordia" das Geschäft geteilt. In der Wiener Umgangssprache wurde der Ausdruck „Pompfüneberer" für die Leichenträger und sonstigen Bediensteten der Bestattungsunternehmen aber noch lange verwendet.

Das Ableben eines Menschen gab bis ins 17. Jahrhundert der sogenannte „Leich-Bitter" bekannt, welcher von Haus zu Haus ziehend auch zugleich die Einladung zum Begräbnis überbrachte. Später wurden dann die schriftlichen Todesanzeigen üblich, die dem jeweiligen Zeitgeschmack entsprechend gestaltet wurden. Der in Wien übliche Ausdruck „Partezettel", kurz „Parte" genannt, leitet sich vom französischen „faire part" (anzeigen) ab. Sterbebildchen mit den Lebensdaten des

Verstorbenen und Gebeten sind bis heute üblich und werden meist am Ende der Begräbnisfeier oder bei der Seelenmesse verteilt.
Der Brauch des 19. Jahrhunderts, Verstorbene in fotographische Ateliers für ein letztes Foto zu bringen, wurde 1891 offiziell wegen der möglichen Verbreitung von Krankheiten verboten.
Nach der Schließung der innerstädtischen Friedhöfe und teilweise auch der Grüfte unter Kaiser Joseph II. mussten die Leichen von der Stadt zu den außerhalb gelegenen Friedhöfen transportiert werden. Ein Hofdekret vom Oktober 1793 schrieb genau die Uhrzeit dafür vor, nämlich zwei Stunden nach Sonnenuntergang. Zum Transport standen folgende von Pferden gezogene Wagen zur Verfügung: ein Fourgon (=Packwagen), auf dem bis zu sieben Särge transportiert werden konnten; ein Katafalk-Wagen, dessen Dach auf Säulen ruhte und auf dem in der Mitte der Sarg stand, sowie ein besonders prunkvoll geschmückter Glas- oder Blumenwagen. Zu einem großen Begräbnis gehörten auch Windlichtträger, Laternenreiter und Fahnenreiter.
Trotz der zeitlichen Regelung für die „Abfuhr von Leichen" fuhren bis zum Ersten Weltkrieg täglich unbegrenzt vier- und sechsspännige Leichenwagen sowie feierliche Trauerkutschen im Galopp – denn Stehenbleiben war untersagt – die Simmeringer Hauptstraße entlang Richtung Zentralfriedhof. Als der Pferdebestand während des Krieges knapp wurde, erfolgten ab 1917 die Überführungen auch mittels Straßenbahn. Dies geschah auch während des Zweiten Weltkrieges. Erst seit 1956 sind spezielle Personenwagen als Totentransporter in Betrieb.
Bereits Ende des 18. Jahrhunderts, als die Zeit der Romantik anbrach, begann man, die Friedhöfe gärtnerisch und die Gräber künstlerisch aufwändig zu gestalten. Jetzt war es nicht nur der Adel, der Wert auf eine standesgemäße Grabstätte legte, sondern auch die Wiener Bürgerfamilien. Sie wollten durch den Prunk der kunstvollen Steinfiguren und durch kostbar gestaltete Grabsteine nicht nur ihren gesellschaftlichen Status dokumentieren, sondern sich oft auch noch im Tod übertrumpfen. Auch die Grabinschriften erzählen ausführlich von der Lebensgeschichte der Verstorbenen.
Herrschaftliche Gräber und Mausoleen entstanden auch in Parks und in freier Natur, wie zum Beispiel das Hochgrab von Feldmarschall Ernst Gideon Freiherr von Laudon am Waldrand nahe der Ortschaft Mauerbach bei Wien. Ursprünglich wollte der kaiserliche Feldherr in einem türkischen Sarkophag seine letzte Ruhe finden. Er hatte nach der Eroberung von Belgrad 1789 den Sarkophag des türkischen Befehlshabers der Stadt, des Vezirs Mükerem Rumeli Valesi Bajeseli Taja-Sade Ibrahim Pasha, wahrscheinlich auf dem Donauweg nach Wien schaffen lassen. Als Laudon ein Jahr später starb, wurde er jedoch in einem neuen Sarkophag bestattet, seine Witwe dürfte der türkische Sarkophag wohl zu „heidnisch" angemutet haben. Das tempelartige Mausoleum von Laudons einstigem Konkurrenten, Feldmarschall Franz Moritz Graf

Die private Gruft für die 2003 verstorbene Karin Wlaschek im Palais Kinsky.

Lacy, im Neuwaldegger Park (heute Schwarzenberg-Park) ist ebenfalls ein Begräbnisplatz, der vom romantischen Naturverständnis eines Jean Jacques Rousseau beeinflusst wurde. Rousseau wurde 1778 im Park von Ermenonville bei Paris – auf einer kleinen Insel, der Île de Peupliers (= Pappelinsel) – beigesetzt. Nahe dem Schloss Wilhelminenberg im 16. Wiener Gemeindebezirk steht die 1880 erbaute, einem mittelalterlichen Reliquienschrein gleichende Gruft der Fürsten Montléart, welche die Aufschrift *fais que dois, advienne que pourra* (Mache, was du sollst, komme, was wolle.) trägt. Prinzessin Wilhelmine Maria Elisa Montléart-Sachsen-Curland war ein große Wohltäterin Ottakrings, sie stiftete 150.000 Gulden zur Errichtung des Wilhelminenspitals. Alle Benennungen wie Wilhelminenspital, Schloss Wihelminenberg oder Wilhelminenstraße sollen ihr Andenken hochhalten.
Und im Jahre 1884 ließ der Industrielle Arthur Krupp in neoklassizistischem Stil im niederösterreichischen Berndorf, am Standort seines Unternehmens, ein Familienmausoleum erbauen, in dem er selbst als Letzter 1938 bestattet wurde.
Laut Wiener Gemeindegesetz dürfen heute Grabstätten auf eigenem Grund erst ab einer Fläche von 2000 m² errichtet werden. Das nützte der Multimilliardär Karl Wlaschek, Gründer der Billa-Ladenkette, um in dem von ihm erworbenen Palais Kinsky auf der Freyung ein Mausoleum für seine Familie in Auftrag zu geben. Hier ruhen nun nicht nur seine Eltern, sondern auch seine vierte Ehefrau Karin, die im Jahre 2003 während einer Operation unerwartet verstarb. Im Hof des Palais, vor einer Bronzetür, steht ein Sarkophag, auf dem sich eine Bronzefigur der Verstorbenen befindet.
Neben der Erdbestattung auf einem Friedhof oder der Beisetzung in einer Gruft gibt es auch die Feuerbestattung. Sie ist keine Erfindung

der modernen Zeit, denn Brandbestattungen gab es schon in der Jungsteinzeit, ebenso bei den Kelten und auch den Römern. Neben mystisch-religiösen standen dahinter aber auch hygienische Gründe. Als Karl der Große 785 für sein Reich ein Verbot von Feuerbestattungen aussprach, galt dieses für die nächsten Jahrhunderte. Erst in der Aufklärung begann man, über den Brauch der Leichenverbrennung wieder zu diskutierten, und zwar auch aus ästhetischen Gründen.
Im Jahre 1874 wurde im Wiener Gemeinderat ein Antrag eingereicht, dass bei der Planung des neuen Zentralfriedhofes „auch Vorkehrungen für die fakultative Verbrennung der Leichen getroffen werden mögen". Befürworter gründeten zur gleichen Zeit den Verein der „Freunde der Feuerbestattung – Die Flamme", aus dem der heutige „Wiener Verein" hervorging.
Es dauerte aber noch einige Jahrzehnte, bis Einäscherungen auch in Wien möglich wurden. Erst 1921 kam es durch den Wiener Gemeinderat zur Ausschreibung eines Wettbewerbes für ein zu errichtendes Krematorium. Den Zuschlag erhielt das drittgereihte Projekt des Architekten Clemens Holzmeister, der seinen Entwurf unter dem Projektnamen „Zinne" eingereicht hatte. Das Krematorium und der Urnenfriedhof wurden gegenüber dem 2. Tor des Wiener Zentralfriedhofes auf den Gründen des Schlosses Neugebäude errichtet. Die erste Verstorbene, deren Leiche hier 1923 eingeäschert wurde, war eine Altkatholikin.
Heftiger Gegner der Einäscherung einer Leiche war die katholische Kirche. Am 19. Mai 1886 sprach sich das Heilige Offizium der römisch-katholischen Kirche gegen das Verbrennen der Leichen aus und belegte Gläubige, die sich verbrennen lassen wollten, mit dem Verbot des Sakramentempfanges. Den Priestern wurde es strikt untersagt, an Einäscherungen mitzuwirken. Seit 1966, also seit dem II. Vaticanum, ist auch innerhalb der Kirche die Feuerbestattung der Erdbestattung gleichgestellt und es bleibt den Gläubigen überlassen, für welche Form sie sich entscheiden.
Der Trend zur „schönen Leich" nimmt interessanterweise auch in unserer Zeit, wo Sterben und Tod tunlichst aus dem Leben ausgelagert bzw. verdrängt werden, wieder zu. Das langjährige konventionelle Ritual eines Begräbnisses scheint die Menschen des 21. Jahrhunderts nicht mehr zu befriedigen. Man wünscht sich eine individuellere Gestaltung und das Angebot dafür weitet sich immer mehr aus.
Wer es sich leisten kann, hat die Möglichkeit, zwischen einem bemalten Sarg, eventuell mit weicher Innenpolsterung, oder einer Urne aus Augartenporzellan oder auch in Fußballform zu wählen. Großes Interesse besteht an der Verstreuung der Asche des Verstorbenen auf einer Wiese oder auf einem See. Das ist zwar in Österreich per Gesetz verboten, in der benachbarten Slowakei jedoch möglich. Und das Grenzgeschäft floriert. Besonders extravagant und dem Himmel näher ist die

Möglichkeit, die in der Schweiz geboten wird: die Ausstreuung der Asche vom Heißluft-Ballon herab über die Walliser Alpen.
Wer will, kann sich auch als Schmuckstück verewigen lassen und dann an der Hand oder am Hals eines nahestehenden Menschen weiter funkeln. Die Bestattung Wien bietet dies seit kurzem an – Kostenpunkt zwischen 4000 und 13.000 Euro. In einem Spezialverfahren wird in einer Schweizer Firma aus einem Teil der Asche ein Diamant oder auch mehrere zur weiteren Verarbeitung hergestellt. Der Rest der Asche wird dann in der Urne beigesetzt.
Inzwischen erklären in Österreich Bestatter schon, Eventmanager sein zu wollen, die für jede Beisetzung einen individuellen Modus anbieten. So wurde erst kürzlich, allerdings nur in Niederösterreich, die Donaubestattung genehmigt. In diesem Fall wird die Asche des Verstorbenen in einer Urne aus wasserlöslicher Zellulose während der Fahrt mit einem historischen Schiff dem Fluss übergeben. Allein die Beisetzung der Asche kostet 2000 Euro.
Dass viele dieser modischen Trends ihren Ursprung in den USA haben, ist nicht zu übersehen. Ganz besonders fällt dies beim Angebot der *Thanatopraxie* auf, zu Deutsch: die kosmetische „Aufbereitung" einer Leiche. Der Verstorbene soll so hergerichtet werden, als würde er nur schlafen. Als weiteres Service bietet die Wiener Bestattung die Abnahme einer Totenmaske oder eines Handabgusses an. Die Plastik aus Alabastergips bekommen die Angehörigen dann auf Polster gebettet in einer Glasschatulle für den Ehrenplatz zu Hause überreicht.
Ob man das Angebot des sogenannten „Telefonengels" als makaber oder witzig bezeichnen soll, bleibt der persönlichen Einstellung zum Tod überlassen. Ein mit Glasfaser verstärkter Kasten, in dem sich ein Handy befindet, wird ca. 30 cm unter der Erde an der Grabstelle vergraben. Das Handy hat einen eigenen Anschluss und verfügt über einen Sprachverstärker. Gedacht ist es für Menschen, die aus verschiedenen Gründen nicht mehr auf den Friedhof zum Grab des geliebten Menschen fahren können. Es wird ihnen dadurch ermöglicht, von zu Hause via Handy anzurufen, um mit dem Toten im übertragenen Sinne zu kommunizieren. Ob bei diesem Angebot einkalkuliert ist, wie andere Friedhofsbesucher auf ein Handyläuten aus einem Grab reagieren, ist dem Prospekt nicht zu entnehmen.
Derartige Angebote entspringen aber nicht allein einem findigen Geschäftssinn, sondern sind auch ein Zeichen der Hilflosigkeit, mit Leid, Tod und Trauer umgehen zu können. Verbundenheit mit einem geliebten Menschen kann sich aber auch auf natürlichere Weise zeigen. Es kann schon vorkommen, dass man bei einem Gang durch den größten Friedhof der Stadt Wien, den Zentralfriedhof, vor einem Grab plötzlich auf die versammelte Großfamilie aus einem östlichen Land trifft. Unbekümmert um den Ort sitzen die Angehörigen fröhlich schwatzend um einen Tisch, der mit gegrilltem Fleisch, Brot und Wein

Die romanische Grabkapelle der Familie Abensperg-Traun in Petronell-Carnuntum.

Trauerndes Mädchen am Grinzinger Friedhof.

gedeckt ist. Beim gemeinsamen Essen und Trinken gedenken sie des Verstorbenen, dem sie sich auf diese Weise nahe und verbunden fühlen. Ein Leichenschmaus, nicht nur am Tag der Beerdigung, sondern immer dann, wenn es in der Familie einen Grund zum Feiern gibt. Gibt es ein schöneres Totengedenken?

Dem Gedenken der Toten dienen auch die Grabsteine, die von schlicht bis üppig und kitschig variieren. Für manchen genügt nur eine einfache Inschrift mit Lebensdaten, manchmal muss es ein Ehrfurcht erheischender Titel sein, bisweilen erhöht am Grabstein einer Witwe der Hinweis auf die Funktion oder den Amtstitel des verstorbenen Mannes die eigene Bedeutung. Eine Hofratswitwe oder ein Donaudampfschifffahrtskapitänswitwe hat doch eine andere Stellung in der Gesellschaft als die Witwe eines Lohndieners.

Mausoleen wurden schon in früheren Zeiten eher als Grabkapellen auf eigenem Grund errichtet. Eine der schönsten und schlichtesten ist die in Petronell-Carnuntum nahe Wien gelegene romanische Johanneskapelle, auch Rundkapelle genannt, die Grabkapelle der Grafen Abensperg-Traun.

Wie in vielen Belangen steigerte das Kunstverständnis des 19. Jahrhunderts, vor der Phase des Historismus, den Wunsch der Menschen, auch Gräber üppiger und individueller zu gestalten. Die Vielfalt der Gedenksymbole erlebte eine Hausse, drapierte Kreuze, trauernde Engel, gesenkte Fackeln, oszillierend zwischen ästhetisch ansprechend und beeindruckend, aber auch gewollt überwältigend, mehr als monumental, dem Kitsch Tür und Tor öffnend. Mausoleen in prunkvoller Neogotik oder als antikisierende griechische Tempel, der Phantasie wurden keine Grenzen gesetzt, solange die Hinterbliebenen nur dazu finanziell in der Lage waren. Zweifellos spielt Pietät dabei eine große Rolle, die Bedeutung eines Menschen im Leben sollte nach seinem Tode weiter erkennbar sein. Trends in der zweiten Hälfte des zwanzigsten Jahrhunderts, eher einheitliche und schlichte Gedenksteine zu verwenden, wurden durch Beigaben von eher unsicherem Geschmack unterlaufen. Plastikfiguren, trauernde Gussmadonnen, lagernde Gipsengel und Plastikblumen lassen den Wunsch nach Individualität, nach Unverwechselbarkeit erkennen. Selten sind Grabsteine, die durch schmückendes Beiwerk auf Beruf oder Berufung eines Verstorbenen hinweisen. Theatermasken findet man zuweilen, auch reliefartig dargestelltes Handwerkszeug. Wirklich außergewöhnlich ist etwa der Rest eines Pro-

pellers auf dem Grab eines Piloten auf dem Grinzinger Friedhof, wobei aus der Grabinschrift hervorgeht, dass sowohl Vater als auch Sohn Flieger waren. Oder ein mächtiger Autoreifen, wobei dessen Zusammenhang mit dem Toten dem Besucher des Grinzinger Friedhofs sich nicht erschließt. Wahrscheinlich ist dieser Hinweis auch nicht für Besucher gedacht, sondern als Brücke der Erinnerung an den Verstorbenen.

Kurioser Grabschmuck am Grinzinger Friedhof.

Zeitlicher Schwerpunkt für das Totengedenken waren schon im Mittelalter die Tage um den 1. und 2. November, d. h. die christlichen Gedenktage Allerheiligen und Allerseelen. Im süddeutschen Raum nannte man die Spanne zwischen 30. Oktober und 8. November „Seelenzeit“. Die Hinterbliebenen nutzten diese Zeit oft auch, indem sie zum Gedenken an die Verstorbenen großzügig Spenden an Arme, Kranke, Eremiten und andere Bedürftige verteilten.

Wie auch immer die Grabstätten und Totengedenken dem jeweiligen Zeitgeschmack entsprechend gestaltet werden, sie sollen dokumentieren, dass die Toten den Lebenden „unvergessen“ bleiben. Die Wirklichkeit entspricht aber nicht immer diesem Wunsch.

Vom Zentrum an den Stadtrand

Wiener Friedhöfe und ihre Geschichte

FRAU
JOSEFINE GRIENBERGER
HERR
STEFAN GRIENBERGER
Josefine
Grienberger

Verwitterter Grabstein am St. Marxer Friedhof.

Im mittelalterlichen Wien lagen die Friedhöfe rund um die Kirchen, jedenfalls war es immer „geweihte Erde". Dazu kamen noch die Friedhöfe bei den Spitälern und auch Siechenhäusern sowie jene, die in Zeiten angelegt wurden, als der Tod reiche Ernte hielt und die Lebenden kaum Zeit zum Bestatten ihrer Toten hatten, also vorwiegend dann, wenn Epidemien wie die Pest – Wien wurde insgesamt dreizehnmal mehr oder minder heftig von Pest und Cholera heimgesucht – grassierten.

Bei der Enge der Städte stellten Friedhöfe auch öffentliche Räume dar, man feierte Feste, man tanzte sogar und frönte dem Würfelspiel. Letzteres wurde im 13. Jahrhundert von den kirchlichen Autoritäten verboten. Auch „Lotterbuben" und Prostituierte, die am Friedhof auf Kundenfang gingen, wurden aus den Friedhöfen verbannt.

Mit der Ausbreitung der Stadt und dem Wachsen der Vorstädte wurden dort Friedhöfe angelegt, wie etwa im 16. Jahrhundert der Nikolaifriedhof, der Friedhof in der Garnisongasse oder der „Mariazeller Gottesacker", der sich vor dem Schottentor befand. Gleichzeitig wurden ältere Friedhöfe in der Stadt aus Mangel an innerstädtischen Baugründen geschlossen bzw. nicht mehr belegt, aber die Areale blieben noch länger bestehen. So gab es schon 1508 keine Beisetzungen mehr bei St. Michael, wenig später auch keine mehr bei St. Stephan. Bereits im 13. Jahrhundert verschwanden der Friedhof um die Ruprechtskirche und jener um St. Peter, wobei dessen Bestattungsrecht auf den Stephansfriedhof überging. Dieser – bereits 1255 urkundlich erwähnt – war sicherlich der größte innerstädtische Friedhof und hatte etwa das Ausmaß des heutigen Platzes. Er war von einer Mauer mit vier Toren umgeben. Dazu gab es noch einen Karner mit einer Kapelle, der Magdalenenkapelle, deren Umrisse in der heutigen Pflasterung des Platzes deutlich hervorgehoben sind.

Obwohl den städtischen Autoritäten sowohl das räumliche als auch das sanitäre Problem der Friedhöfe bewusst war, ließen sich grundlegende Reformen lange nicht durchsetzen. Gegen eine völlige Auflassung der Friedhöfe sperrten sich einerseits die Klöster und Pfarren wegen der damit einhergehenden Minderung ihres Einkommens, andererseits wollten die betuchten Bürgerfamilien nicht auf die bestehenden prunkvollen Grüfte und Grabsteine verzichten.

Einer der ersten aufgelassenen Friedhöfe war der Friedhof bei St. Stephan, er wurde 1732 applaniert, als der barocke Bauboom nach der Zweiten Türkenbelagerung in Wien einsetzte. Ähnliches gilt für den Friedhof beim Minoritenkloster, einen von Adel und reichen Bürgern bevorzugten Begräbnisplatz, der in den achtziger Jahren des 18. Jahrhunderts weichen musste.

Erst dem rigiden Reformismus Josephs II. gelang es, die Friedhofsfrage im innerstädtischen Bereich kompromisslos zu lösen. Er ließ 1784 alle innerstädtischen Friedhöfe und jene innerhalb des Linienwalls sperren und stattdessen kommunale Friedhöfe außerhalb des Linienwalls anle-

Abendstimmung am Zentralfriedhof.

gen. Es waren dies der noch heute bestehende St. Marxer Friedhof, der Hundsturmer Friedhof, der Matzleinsdorfer Friedhof, der Schmelzer Friedhof und der Währinger Allgemeine Friedhof.

Die Anzahl der gesperrten Friedhöfe ist fast unglaublich und macht die Dringlichkeit des Problems, abgesehen vom Gewinn an Bauland, klar. Es waren dies: der Jakoberfriedhof in der Innenstadt, der Spitalsfriedhof der Barmherzigen Brüder, der Pfarrfriedhof bei St. Leopold und der Friedhof „Auf der Haide" in der Leopoldstadt, der Spitalsfriedhof des St. Marxer Bürgerspitals, der Pfarrfriedhof in Erdberg, der Nikolaifriedhof in der Landstraße, der Bürgerspitalfriedhof im Bereich der heutigen Karlskirche, der Matzleinsdorfer Friedhof bei der Blechturmgasse, der Breitenfelder Friedhof im Bereich der heutigen Blindengasse, der Pfarrfriedhof Mariahilf, der Friedhof der Aegidikirche in Gumpendorf, der Pfarrfriedhof St. Ulrich in der Mondscheingasse, der neue Stephansfriedhof im Bereich des heutigen Landesgerichts, der Armenhausfriedhof (heute anatomisches Institut), der neue Schottenfriedhof gegenüber dem Armenhausfriedhof, der Friedhof beim Spanischen Spital, der Kaiserliche Gottesacker im Areal des Allgemeinen Krankenhauses (etwa Höfe acht und neun) und der Pfarrfriedhof Lichtenthal. Eine Ausnahme war der jüdische Friedhof in der Seegasse, er blieb bestehen. Überlegt man die Ausdehnung dieser Friedhöfe, könnte man annehmen, dass ein großer Teil der nach 1800 innerhalb des Linienwalls neu errichteten Gebäude auf Friedhofsarealen erbaut wurde.

Unendlich lange Wege am Zentralfriedhof.

Mit dem Wiener Biedermeier hielt eine Phase der Bescheidenheit und Zurückgezogenheit Einzug. Dieses Phänomen galt natürlich auch für die Bestattung und die Gestaltung der Friedhöfe. Beisetzungen wurden nicht als gute Gelegenheit wahrgenommen, die wirtschaftliche Saturiertheit einer Familie zu demonstrieren, Totenzeremoniell und Trauerkundgebungen blieben auf Familie und engste Freunde beschränkt. Erst mit dem wirtschaftlichen Aufbruch in der zweiten Hälfte des 19. Jahrhunderts und dem Entstehen neuer gesellschaftlicher Gruppen, mit den relativ rasch reich gewordenen Wirtschaftsbossen und Profiteuren der Gründerzeit kehrten wieder Prunk und Pomp ein.
Wien wuchs – die Stadt hatte damals mehr als eine halbe Million Einwohner – und damit auch der Bedarf an größeren kommunalen Friedhöfen. Am 24. November 1863 fiel daher im Wiener Gemeinderat der Beschluss, einen großen, den Bedürfnissen einer Metropole angepassten Friedhof auf eigene Kosten zu errichten. Zunächst meinte man, man könnte mit einem einzigen Friedhof für alle Konfessionen das Auslangen finden, doch diese Idee scheiterte am Widerstand fast aller betroffenen Gruppen. Inzwischen können Angehörige aller religiösen Gruppen in etwas separierten Abteilungen auf dem Zentralfriedhof die letzte Ruhe finden.
Ende 1866 erfolgte der Beschluss, Grundstücke in Kaiserebersdorf und Simmering für die Anlage eines zentralen Friedhofes zu erwerben, der Kauf wurde schließlich 1869 abgewickelt. Die Gemeinde Wien erwarb

FAMILIE LEOPOLD WIENER
FAMILIE LEOPOLD LOWY

FAMILIE
JOSEF DUX
JOSEF DUX
ROSA DUX
Nathan Zerkowitz
Julius Zerkowitz
GRÜNFELD

Vorhergehende Doppelseite: Verfallende Grüfte im jüdischen Teil des Zentralfriedhofs.

343 Joch Ackerland, zu einem Preis von 1800 Gulden je Joch (das entspräche heute 18.00 € pro Joch). Ein Jahr zuvor hatte ein neuer Bürgermeister, der liberale Bürgerliche Cajetan Felder, sein Amt angetreten und für mehr Schwung in der Friedhofscausa gesorgt. 1870 wurde ein Wettbewerb ausgeschrieben – er war mit 2000 Gulden dotiert –, den das Frankfurter Architektenteam Karl Mylius und Alfred Bluntschli mit dem Projekt *Per angusta ad augusta* (= durch die Enge zum Weiten, Erhabenen) gewann. Sie präsentierten für das zwei Millionen Quadratmeter große Areal einen streng geometrischen Entwurf, der getrennte Friedhofsbereiche für Katholiken, Protestanten und Angehörige der jüdischen Gemeinde vorsah. Ab 1. November 1874 wurde der Friedhof belegt, die heute dominierenden Bauten wie Eingangsportale, Kirche und Aufbahrungshalle entstanden erst mehr als dreißig Jahre später, die Lueger-Gedächtniskirche etwa 1911, ein Werk des Architekten Max Hegele. Insgesamt befinden sich heute auf dem Zentralfriedhof etwa 330.000 Gräber, in denen ca. drei Millionen Tote beigesetzt worden sind.

Die Wiener goutierten den neuen Friedhof gar nicht, sie mochten die weiten, noch öden Flächen nicht, vor allem bei Begräbnissen in der schlechteren Jahreszeit. Auch die Stadtverwaltung hatte ihre Bedenken, dass alle Leichentransporte über die damalige Pressburger Reichsstraße (heute Simmeringer Hauptstraße) abgewickelt werden mussten. Die Anwohner waren verärgert wegen der Verunreinigung der Straße durch die zahlreichen Pferdekutschen, außerdem fühlten sie sich durch den „deprimierenden Eindruck auf das Gemüth“ belästigt. Als Lösung installierte die Gemeinde eine Pferdestraßenbahn, die sogenannte „Glöckerlbahn“, die es immerhin in 52 Minuten von der Innenstadt bis zum Friedhofstor schaffte. Der Stall für die 544 Pferde dieser Bahn befand sich auf dem Areal der heutigen Straßenbahnremise. Eine bleibende Lösung entstand erst 1901, als die Strecke elektrifiziert wurde.

Ein weiteres Problem ergab sich im Winter, vor allem wenn es viel Schnee gab. Dann war die Simmeringer Hauptstraße durch meterhohe Schneewechten fast unpassierbar, die Särge mussten von den zierlicheren Fourgons, den Leichentransportwagen mit hohen Rädern, auf Schlitten umgeladen werden. So nimmt es nicht wunder, dass zahlreiche Vorschläge unterbreitet wurden, um diesen misslichen Umständen abzuhelfen. Eine Halle für die Zwischenlagerung von Leichen könnte errichtet werden, es wäre möglich, die Särge teils über den Donaukanal zu verschiffen und erst in Simmering auf Wagen umzuladen, aber keines dieser Projekte war im Grunde sinnvoll. Das kurioseste und vielleicht gar nicht unsinnige Projekt war das einer unterirdischen „pneumatischen“ Leichenbeförderung. Beginnend etwa bei der St. Marxer Linie sollte bis zum Zentralfriedhof ein unterirdischer Tunnel geführt werden, durch den jeweils vier Särge gleichzeitig mit Luftdruck transportiert werden könnten. Dieses Projekt der Architekten Hudetz und

Felbinger wurde mit 970.000 Gulden veranschlagt. Seitens des Gemeinderates fand man den Vorschlag durchaus interessant, schließlich wurde er aber aus Pietätsgründen abgelehnt.
Um das schlechte Image des kommunalpolitisch großartig geplanten Friedhofs zu verbessern, suchte die Wiener Gemeindeverwaltung nach einer Publikumsattraktion. Sie fand diese in der Anlage der Ehrengräber hervorragender Persönlichkeiten. 1880 wurde der städtische Archivdirektor Karl Weiß beauftragt, auf anderen Friedhöfen die Grabstätten berühmter Persönlichkeiten aufzufinden, damit man diese in Ehrengräber umbetten oder zumindest, sollte das Grab, wie etwa bei Mozart, nicht mehr genau feststellbar sein, einen Gedenkstein an die im Gedächtnis der Stadt besonders zu ehrende Persönlichkeit errichten könnte. Daher ist eine ganze Reihe von Persönlichkeiten aus Politik, Kunst, Kultur und Wissenschaft in einem Ehrengrab auf dem Zentralfriedhof verewigt, auch wenn diese Persönlichkeiten lange vor der Anlage des Friedhofes verstorben sind. Diese Ehrengräberanlage wurde bereits 1883 nahe dem Haupteingang des Friedhofs errichtet. Natürlich musste für künftige Ehrengräber auch eine hierarchische Gliederung gefunden werden; es gibt daher Ehrengräber, ehrenhalber gewidmete Gräber und Gräber, die in die Obhut der Gemeinde Wien übernommen werden. Allein auf dem Zentralfriedhof fallen etwa 800 Gräber in die Kategorie der Ehrengräber. Selbstverständlich sind auf anderen Kommunalfriedhöfen ebenfalls Ehrengräber vorhanden.

Licht als Symbol für das ewige Leben: schmiedeeiserne Grablaterne.

GON SCHIEL
1890 - 1918
MIT

Die Liste der Inhaber von Ehrengräbern am Wiener Zentralfriedhof liest sich zum größten Teil wie ein *Who is who* der Wiener Stadtgeschichte, alle großen Komponisten der Wiener Klassik und Romantik, die Architekten der Wiener Ringstraße, die Stars von Oper und Bühne, sie alle wurden der Ehre für würdig befunden. Teils findet man Persönlichkeiten, deren Namen dem Vergessen anheimgefallen sind. Dazu zählen nicht nur Kommunalpolitiker von zeitlich begrenztem Interesse, sondern auch Offiziere, die sich etwa bei der Niederschlagung der Revolution von 1848 ausgezeichnet haben. Oder jene, die im Ersten Weltkrieg durch besondere Tapferkeit auffielen, wie der Flieger Godwin Brumowski, der erfolgreichste Jagdflieger der k. u. k. Armee. Ebenfalls völlig vergessen ist Karl Freiherr von Birago, der als Pionieroffizier Brücken und Pontons erfand, die auch von anderen Armeen übernommen wurden. In diesen Fällen macht sich als Mangel bemerkbar, dass Österreich weder vor dem Ersten Weltkrieg noch später je erwogen hat, für verdienstvolle Militärs einen eigenen Friedhof, ähnlich Arlington, zu konzipieren.

Grabstätte von Edith und Egon Schiele am Friedhof in Ober St. Veit.

Man findet Wiener Originale, die es verdienten, an sie zu erinnern, wie die Schriftstellerin Betty Paoli, die um die Mitte des 19. Jahrhunderts in Wien einen Salon führte, in dem auch Franz Grillparzer verkehrte. Auch die Philantropin Eugenia Kenyon – an sie erinnert auch eine Gasse im 7. Bezirk –, die den Großteil ihres Vermögens für die Gründung eines Spitals, des heutigen Sophienspitals, zur Verfügung stellte, erhielt ein Ehrengrab. Oder denkt noch irgendjemand an die Hofdame mit dem klingenden Namen Maria Luise Freiin von Sturmfeder und zu Oppenweiler? Sie wirkte als Erzieherin der drei „Salzprinzen", der drei Söhne von Erzherzogin Sophie, nämlich des Franz Joseph, später Kaiser, des Erzherzogs Maximilian, erfolgloser Bewerber um das Kaiserreich Mexiko, und des Erzherzogs Karl Ludwig. Als Erzherzog Ludwig Viktor, der etwas skandalöse jüngste Bruder, 1842 geboren wurde, dürfte sie nicht mehr im Dienste des Hofes gewesen sein.

Im 20. Jahrhundert wurden oftmals herausragende Journalisten mit einem Ehrengrab bedacht, wie etwa die viel zu jung verstorbene „Edelfeder" der Wochenzeitschrift *profil*, Reinhard Tramontana. In den Kreis derer, die nicht vergessen werden sollten, wurden auch vermehrt Sportler aufgenommen, wie der Fußballer Ernst Ocwirk oder Matthias Sindelar, dessen Spitzname „der Papierene" lautete und der als Mitglied des legendären Wunderteams für eine Serie von herausragenden Siegen sorgte. Erstaunlicherweise erhielt auch ein Historiker, nämlich Alfred Arneth, ein Pionier der Archivforschung und Biograph Maria Theresias, ein Ehrengrab. Selbstverständlich sind Publikumslieblinge wie Robert Stolz, Hans Moser, Hermann Leopoldi oder Hans Hölzel, recte Falco, in einem Ehrengrab beigesetzt worden. So mancher durch die Nationalsozialisten vertriebene Schriftsteller wie Franz Werfel oder Komponist wie Ernst Krenek kehrte erst in einem Ehrengrab in die alte Heimat zurück.

Würdiges Grabmal des Hofzuckerbäckers Christoph Demel am Dornbacher Friedhof.

Für manche reichte die Tatsache, „Sohn“ oder Nachkomme zu sein, für die Zuerkennung eines Ehrengrabes aus, wie etwa beim Sohn und den Enkelkindern von Andreas Hofer oder bei Karl Julius Johann Maria van Beethoven und Maria Anna Philomena van Beethoven, beide entfernte Verwandte des großen Komponisten. Lobenswerterweise kamen auch Feuerwehrleute, die Leben gerettet haben, oder jener beherzte Spaziergänger namens Andreas Keller, der dem späteren Kaiser Ferdinand I., als er in Baden von einem Attentäter angegriffen und leicht verletzt wurde, sofort zu Hilfe eilte, zu einem Ehrengrab. Ebenso erhielt ein solches Herr Dominik Bauer, verstorben 1904 und seines Zeichens erster Totengräber des neu eröffneten Zentralfriedhofs.
Als Gegenstück zu den reich dekorierten Ehrengräbern erscheinen die anonymen Gräber jener Förderer der Wissenschaft, die ihren Körper der Anatomie vermachten. Ihre Grabstätten sind ebenso namenlos wie das absichtsvoll nur wenigen bekannte Grab des Craniums (= Schädel) des türkischen Wesirs Kara Mustafa, der nach der erfolglosen Belagerung Wiens 1683 im Auftrag des Sultans stranguliert worden war. Sein Schädel gelangte nach der Eroberung von Belgrad in österreichischen Besitz und wurde lange in einem verzierten Glaskasten als Museumsstück zur Schau gestellt. Vor wenigen Jahren wurde dieser Schädel aus Pietätsgründen am Zentralfriedhof beigesetzt. Ebenfalls in den Anatomiegräbern wurde erst im Jahr 2000 der Kopf des italienischen Anarchisten Luigi Lucheni, des Mörders von Kaiserin Elisabeth, beigesetzt. Dieser hatte 1910 im Gefängnis in Genf Selbstmord begangen und war anschließend obduziert worden. Sein Kopf wurde in eine Formalinlösung gelegt und aufgehoben. 1985 gelangte dieses Objekt eines abstrusen Wissenschaftsverständnisses nach Österreich ins pathologisch-anatomische Museum, den Narrenturm, durfte aber niemals öffentlich gezeigt werden.
Heute gleicht der Zentralfriedhof in der schönen Jahreszeit einem prachtvollen Park mit hoch gewachsenen Bäumen, blühenden Sträuchern und vor allem einer äußerst vielfältigen und lebhaften Fauna. Von Rehen über Kaninchen, Hasen, Hamster, Igel, seltene Vogelarten bis zu gar nicht so nützlichen Waschbären, weil diese die Grabsteine unterhöhlen, findet man hier Tiere, die am Zentralfriedhof in einer geschützten Umgebung leben. Ob das wohl damit zusammenhängt, dass der Begründer des Tierschutzes in Österreich, Ignaz Franz Castelli, ebenfalls in einem Ehrengrab schlummert?
Neben der riesigen Fläche des Zentralfriedhofes verwaltet die Stadt noch weitere 45 Friedhöfe, die alle außerhalb des Gürtels liegen. Sie gehen teils auf alte Ortsfriedhöfe der Vororte zurück und haben dadurch etwas Charakter bewahrt, teils sind sie unspektakuläre Begräbnisplätze, ein Abbild der gesellschaftlichen Zusammensetzung der Zinskasernenviertel des 19. Jahrhunderts. Einige davon haben einen wichtigen Stellenwert in der Geschichte Wiens.

Carl Demel
Familien-Ruhestätte
Herrn Christof Demel
BLAZEK

Bescheiden und von Grün umwuchert: die Grabstätte der Lebensmitteldynastie Meinl auf dem Dornbacher Friedhof.

Nicht zufällig sind die drei in Hietzing befindlichen Friedhöfe so interessant, war doch der Bezirk wegen der Nähe zu Schönbrunn und damit zur sommerlichen Kaiserresidenz ein äußerst attraktiver Wohnort, sowohl für Adelige und Hofbedienstete als auch für Kulturschaffende. Berühmt für seine Empire- und Biedermeiergräber ist der 1787 geweihte Hietzinger Friedhof. Wegen seiner gepflegten Grabstätten und schönen Mausoleen gilt er als Nobelfriedhof. Ein Spaziergang auf diesem in prächtiger Hanglage angelegten, an einen englischen Garten gemahnenden Friedhof lohnt sich immer. Die Zahl der beigesetzten Prominenten ist groß, angefangen von Franz Grillparzer, den Kathi Fröhlich hierher verlegen ließ, bis zu Otto Wagner, der in einem von ihm selbst entworfenen Mausoleum ruht. Die legendäre Tänzerin Fanny Elßler fand in Hietzing ihre letzte Ruhestätte, ebenso wie die Jugendstilkünstler Gustav Klimt – in einem auffallend schlichten Grab – und Kolo Moser. Katharina Schratt hatte einst unweit des Friedhofs ihre Villa, zu der Franz Joseph durch einen Nebeneingang des Schönbrunner Schlossparks spazierte. Neben prominenten Mitgliedern altösterreichischer Adelsfamilien, wie der Dietrichstein, Khevenhüller oder Palffy, wurden im Jahr 1945 die drei Widerstandskämpfer Karl Biedermann, Alfred Huth und Rudolf Raschke beigesetzt.
Ein Besuch auf dem Lainzer Friedhof bietet die Möglichkeit, einem der interessantesten Denker des 20. Jahrhunderts, Sir Karl Popper, eine Gedenkminute zu widmen. Popper, der in der Zwischenkriegszeit weni-

Grabstätte von Sir Karl Popper am Lainzer Friedhof.

ge glückliche Jahre mit seiner Ehefrau in Lainz verbrachte, bevor er 1937 einen Lehrauftrag in Neuseeland annahm und danach nicht mehr nach Österreich zurückkehrte, schuf mit seiner Falsifikationstheorie und dem Begriff der „offenen Gesellschaft" grundlegende Denkmuster, die über dieses Jahrhundert hinausreichen.

Der idyllische Ober St. Veiter Friedhof, nahe dem Lainzer Tiergarten, ist fast ein Bergfriedhof, auf dem wenige sehenswerte Mausoleen, vor allem aber das Grab von Egon und Edith Schiele, die beide im Spätherbst 1918 der Grippepandemie zum Opfer gefallen sind, zum Besuch einladen. Auch Rudolf Slatin, bekannter unter dem Namen Slatin Pascha, ein Österreicher, der in britischen Diensten im Sudan in die Gefangenschaft des Mahdi geriet und dort elf Jahre bis zu seiner Freilassung schmachten musste, verdient es, der Vergessenheit entrissen zu werden.

Erwähnt sei schließlich der Dornbacher Friedhof, der die Grabstätten der bedeutenden Wiener Unternehmer Julius Meinl und Josef Manner sowie des Hofzuckerbäckers Christoph Demel birgt.

Freunde des Wiener Liedes werden gerne am Hernalser Friedhof den Brüdern Josef und Johann Schrammel sowie Josef Bratfisch, dem Leibfiaker des unglücklichen Kronprinzen Rudolf und begnadeten Sänger von Heurigenliedern, ein ehrendes Gedenken widmen.

In einem klassischen Villenviertel liegt der Gersthofer Friedhof, wo man einige schöne Jugendstilgrüfte bewundern kann. Einen wunderbaren

ATTILA HÖRBIGER
PAULA WESSELY

Gustav Mahlers Grab am Grinzinger Friedhof.

Linke Seite: Grabstätte des Schauspielerehepaars Attila Hörbiger und Paula Wessely am Grinzinger Friedhof.

Blick auf die Wiener Weingärten bietet der Neustifter Friedhof, dessen Areal die Ehrengräber der Schauspieler Ewald Balser – langjähriges Burgtheatermitglied – und Willy Forst, Starschauspieler und Regisseur der Zwischenkriegszeit, birgt. Ebenfalls sehr stimmungsvoll ist der Pötzleinsdorfer Friedhof, wo Ludwig Lohner, einer der wichtigsten Autohersteller, beigesetzt worden ist.

Der Döblinger Friedhof, auf dem fast 60 Grabstätten ehrenhalber prominenten Bewohnern des Bezirks, wie dem Dichter Ferdinand von Saar, den Schauspielern Adolf von Sonnenthal und Josef Kainz, der umjubelten und früh verstorbenen Opernsängerin Maria Cebotari, den Ärzten Lorenz Böhler oder Emil Zuckerkandl, dem Industriellen Johann Zacherl, der seine Insektenpulverfabrik in orientalischem Stil errichten ließ, gewidmet wurden, ist ebenso wie der Grinzinger Friedhof ein wirklicher Nobelfriedhof mit zahlreichen Grabstätten prominenter Wiener, die Entscheidendes zur Kunst und Kultur Wiens beigetragen haben. In Grinzing sind etwa die Mitglieder der Schauspielerdynastie Hörbiger sowie der große Komponist und Dirigent Gustav Mahler zur letzten Ruhe gebettet.

Jenseits der Donau befinden sich noch einige Vorstadtfriedhöfe, die auf die alten Dorffriedhöfe vor der Eingemeindung in die Stadt zurückgehen, wie der Leopoldauer, der Jedlerseer oder der Stammersdorfer Ortsfriedhof. Gleiches gilt für den Süden Wiens, für den Inzersdorfer und den Kalksburger Friedhof, wo Hugo von Hofmannsthal, der unweit in einem bezaubernden barocken Vorstadtschlösschen gewohnt hatte, seine letzte Ruhe fand.

Krypten
Grüfte
Zufluchtsstätten

Entdeckenswertes in den Tiefen der Stadt

Für den Multimediakünstler André Heller ist das schönste UNTEN von Wien die Michaeler Gruft, in die er manchmal „zum Phantasieren" hinuntersteigt. Vermutlich ist es nicht jedermanns Sache, in nur spärlich erhellten Gewölben zwischen halb zerfallenen Särgen und mumifizierten Leichen meditativen Gedanken nachzugehen. Aber die Vergänglichkeit des Lebens und letztlich die Unwichtigkeit all dessen, was dem Menschen in der ihm bemessenen Zeitspanne als erstrebenswert erscheint, werden dem dafür empfänglichen Besucher hier eindringlich vor Augen geführt.

Die Majestät des Todes macht auch vor gekrönten Häuptern nicht Halt: Detail eines Sarkophags in der Kapuzinergruft.

Nicht nur steil, sondern auch gruselig ist der Abstieg in dieses Totenreich. Ungefähr 4000 Menschen wurden hier laut Totenprotokoll bestattet. Das elektrische Licht erhellt nur wenig die weitverzweigten Gänge und man ist froh über den zusätzlichen Schein der Taschenlampe, der die Unebenheiten des Bodens sichtbar werden lässt. Besucher werden gewarnt, ja nicht an einen der hier knapp aneinandergereihten Särge anzustoßen. Dies würde nämlich einen Dominoeffekt auslösen. Es kippt dann nicht nur einer um, sondern die ganze Reihe, und infolge des schlechten Zustandes der Särge könnten diese auseinanderbrechen und sich des mumifizierten Inhalts entledigen.

Als Anfang des 20. Jahrhunderts zwei Brüder des Salvatorianer-Ordens darangingen, sich eine Übersicht über die Gruft zu verschaffen, bot sich ihnen ein grausiges Bild. Verfallene, übereinander geschlichtete Särge, mumifizierte Leichen und Knochen über Knochen füllten die unterirdischen Gänge. Bei Kerzenlicht begannen Bruder Valerius und Bruder Cleophas mit den Aufräumungsarbeiten. Die Knochen wurden fein säuberlich in Nischen aufgeschlichtet, die Totenschädel auf Platten gestellt, und die noch halbwegs intakten Holzsärge brachten die beiden Brüder in die heute noch vorhandene Reihung. Von den im 19. Jahrhundert noch gezählten über 400 Särgen gab es nur noch knapp über 200 Stück. Der südamerikanische Rüsselkäfer, der sich aufgrund der hohen Luftfeuchtigkeit hier eingenistet hat, hatte ganze Arbeit geleistet.

Bereits im 14. Jahrhundert gab es rund um die Kirche einen Friedhof, dessen Grenze in der Mitte des heutigen Michaelerplatzes lag. Die Toten wurden hier ohne Sarg nur 1 bis 1 1/2 Meter unter der Erde eingegraben. Da sich dadurch ein unzumutbarer Verwesungsgeruch in dieser Gegend vor der kaiserlichen Burg ausbreitete, verbot Kaiser Maximilian I. 1508 weitere Beerdigungen an diesem Ort. Ein Verbot, das, bis es zum endgültigen Aus für Friedhofsanlagen innerhalb der Stadt unter Kaiser Joseph II. kam, oftmals umgangen wurde.

Parallel zur Friedhofsbestattung fanden aber auch in der Kirche Beerdigungen statt, vornehmlich für Angehörige des Hochadels, die sich eine der nicht gerade billigen Einzelgrüfte leisten konnten. Die Nähe zur Burg, dadurch dem Hause Habsburg auch noch im Tod nahe, das ließ man sich schon etwas kosten. Auf prunkvollen Grabplatten findet

Auf natürliche Weise mumifiziert: Leiche in der Michaelergruft.

man daher u. a. Namen und Wappen der Familien Trautson, Herberstein, Mollard, Sprinzenstein usf.

Wenn durch den Tod auch gerechterweise alle Rangunterschiede aufgehoben werden, so gab es bei der Bestattung in der Kirchengruft doch noch gravierende Unterschiede. Während man die einfachen Bürger, Kaufleute und Hofangestellten, die ab 1631 ebenfalls hier ihre letzte Ruhe fanden, über die allgemeine Totenrutsche hinunter in die Gruft beförderte, wurden die hochadeligen Toten über einen eigenen Abgang in ihre Familiengruft hinuntergelassen und waren dort dann sozusagen wieder unter ihresgleichen. Während die einen in den Gemeinschaftsgrüfte übereinandergestapelt namenlos verwesten, war die letzte Ruhestätte der Hochwohlgeborenen durch eine Grabplatte in der Kirche gekennzeichnet.

Nicht nur der Rüsselkäfer und sich immer wieder ereignende Wassereinbrüche sorgten im Laufe der Jahrhunderte im Reich der Toten für Verwüstungen. In den letzten Jahren gesellten sich dazu auch „Souvenirjäger", welche die „ewige Ruhe" aus Besitzgier störten. Grabbeigaben, Inschriftentafeln, Knochenteile verschwanden bei Führungen, um zu Hause als gruselige Andenken an eine Wien-Reise herumgezeigt zu werden. Einige offene Särge mussten wieder zugemacht werden, da es Besucher „lustig" fanden, die Mumien auf ihre Echtheit zu befühlen.

Die Mumifizierung eines Großteils der Leichen fand in der Gruft zu St. Michael auf natürliche Weise statt. Zur Aufnahme der Leichenflüs-

Standesunterschiede über den Tod hinaus: Prachtsarkophage in der Michaelergruft.

sigkeit waren die Toten in ihren Särgen auf Hobelspäne gebettet, den Rest besorgte der ständig vorhandene Luftzug. So kann man in einem der noch offenen Särge einen Mann mit Perücke, ledernen Schnallenschuhen, Samthose und in seidener Oberbekleidung ruhen sehen. Unweit von ihm schläft eine Frau im Rüschenkleid standesgemäß mit Häubchen und Handschuhen ihren ewigen Schlaf. In der Maria-Candia-Gruft – die verschiedenen Grüfte tragen alle einen Namen – haben sich bis heute allein 14 Mumien erhalten. Auffallend sind die sehr kunstvoll bemalten Särge, die heute in mühevollen Restaurierungsarbeiten wiederhergestellt werden. Auf Deckeln und Seitenwänden symbolisieren Kreuze, abgebrochene Kerzen, Sanduhren und Totenschädel die Vergänglichkeit des Lebens. Ebenfalls in einem erst kürzlich restaurierten bemalten Sarg ist der Hofpoet des Kaiserhauses, Pietro Metastasio, beigesetzt. Er schrieb die Libretti für einige Mozart- und Gluck-Opern. Der Römer Metastasio starb 1782 in Wien und wurde in der Gruft der Spanischen Bruderschaft, der er als Nichtadeliger und Nichtspanier trotzdem angehörte, begraben. Das Skelett eines Portugiesen fand man 2006 durch Zufall bei Restaurierungsarbeiten. Die Papiere in seiner Tasche identifizierten ihn als Nachfahren von Christoph Kolumbus. Warum ihn der Tod gerade in Wien ereilte, konnte ebenfalls festgestellt werden – er war Berater am kaiserlichen Hof.
Nicht alle Grüfte von St. Michael sind schon erforscht bzw. auch zugänglich. Einige sind noch verschüttet, wohl zur Freude des Rüs-

In den Katakomben des Stephansdomes: Abstieg in eine Grabkammer.

Kleines Bild: Zerfallende Särge, modernde Knochen.

Die Urnen mit den Eingeweiden der Habsburger.

selkäfers und der Fledermäuse, die hier Unterschlupf gefunden haben.

Ähnliche Probleme wie in St. Michael bekam man einst bei der Bestattung der Pfarrangehörigen auch in der Hauptkirche von Wien, dem Stephansdom. Wie eine Wolke hing der Verwesungsgeruch über dem rund um die Kirche angelegten „Stephansfreithof" und stieg anscheinend Kaiser Ferdinand I. so in die Nase, dass er 1530 aus „gesundheitsschädlichen" Gründen ein Bestattungsverbot verhängte. Die Beisetzungen erfolgten dann in den „Krufften", deren Gänge sich sowohl unter dem Dom als auch unter dem Platz zwischen der Capistrankanzel bis hin zum Deutschordenshaus erstrecken. Es wird vermutet, dass es auch Verbindungsgänge zu anderen unterirdischen Gewölben in der Umgebung gibt. Die zahlreichen tief angelegten Weinkeller in der Innenstadt sprechen dafür. Verständlich, dass solche Orte immer von gewissen Geheimnissen umgeben sind. So erzählt die Fama, dass sich in einem der unzähligen Gewölbe das Sitzungszimmer und der Speisesaal einer Freimaurerloge befunden hätten. Sogar zu einem Treffen französischer Geheimbündler soll es hier gekommen sein und eine Banknotenfälscherbande habe ebenfalls in diesen Gängen einmal Unterschlupf gefunden.

Eindeutig fest steht, dass bis zur Schließung im Jahre 1783 hier 30 Grabkammern existierten, in welche jeweils ungefähr 500 Särge via „Sargrutsche" hinunterbefördert worden waren. War die Kammer voll, wur-

In der Bischofsgruft von St. Stephan: der Sarg von Kardinal Franz König.

de sie zugemauert. Der Verwesungsgestank nahm trotzdem so zu, dass er sogar im Dom zu verspüren war.
Wurde wieder eine Grabkammer gebraucht, so wurde diese von Strafgefangenen aufgebrochen und geräumt. Die vorhandenen Knochenteile schaffte man in Beinhäuser. Bis 1783 wurden hier mehr als 10.000 Bestattungen vorgenommen, darunter von Berühmtheiten wie den Barockarchitekten Johann Bernhard Fischer von Erlach und Johann Lukas von Hildebrandt, dem Maler Johann Michael Rottmayr u. a., die unter dem Dom im Gewirr tausender anderer Leichen vermoderten.
Der Abstieg in das Totenreich ist für den Besucher hier bequem, und zwar im linken Querschiff des Domes unterhalb des Adlerturmes. Heller Verputz, gedämpftes Licht und ein ebener Plattenboden vermitteln eine gewisse Wohlfühlatmosphäre. Herzstück der „alten Katakombe“ (unter dem Dom) ist die Herzogsgruft, in deren Mitte der Sarg des im Alter von nur 26 Jahren verstorbenen Herzogs Rudolf IV. steht. Er ruht in jener Kirche, die er zur „herzoglichen Hofkirche“ und damit zur Grablege für die Familie Habsburg bestimmt hatte. So ganz kam man seinem Wunsche aber nicht nach, denn nur 15 Habsburger fanden hier ihre letzte Ruhe.
Neben dem Sarg Rudolfs steht jener seiner Frau Katharina von Luxemburg. Obwohl angeblich gar nicht sie, sondern Johanna von Bayern (Witwe Herzog Albrechts IV.) darin liegen soll. Katharina, deren Ehe mit Rudolf kinderlos blieb, überlebte diesen nicht nur um dreißig Jahre,

Eine der ältesten Grüfte von Wien: bemalte Särge in der Franziskanergruft.

sondern heiratete in zweiter Ehe einen Grafen von Brandenburg. Es bestand daher kein Grund dafür, sie bei den Habsburgern zu bestatten. Auf dem Kenotaph, der im Dom im Frauenchor steht, befindet sich aber auf alle Fälle ihre Steinfigur neben der Rudolfs.

Im Jahre 1933 wurde der Sarg Rudolfs IV. geöffnet. Man fand den Leichnam in ein kostbares orientalisches Seidenbrokattuch gewickelt, das heute im erzbischöflichen Dommuseum zu sehen ist.

Im schmalen Verbindungsgang zur Herzogsgruft sind in 18 vergitterten Kojen die Urnen mit den Eingeweiden der Habsburger und Habsburg-Lothringer aufgestellt. Einem sehr makabren Brauch zufolge wurden die Herzen der Habsburger in der Kirche St. Augustin, ihre Eingeweide in St. Stephan und ab 1633 ihre Körper in der Kapuzinergruft beigesetzt. Die letzte Eingeweidebestattung war 1878 jene von Erzherzog Franz Karl, dem Vater Kaiser Franz Josephs.

In den „neuen Katakomben" befindet sich auch die „Bischofsgruft". In drei Etagen stehen hier die Särge der Wiener Erzbischöfe – von Kardinal Michael Khlesl (+ 1630) bis zu Kardinal DDr. Franz König (+ 2004). Sein Nachfolger, Kardinal Dr. Hans Hermann Groer (+ 2003), der infolge schwerer Vorwürfe gegen ihn persönlich 1995 sein Amt als Erzbischof von Wien zurücklegen musste, wurde in dem von ihm gegründeten Zisterzienserinnenkloster Marienfeld in Niederösterreich begraben.

Direkt unter dem Frauenchor liegt noch die „Domherrengruft". In Nischen, die mit Mamorplatten verschlossen sind, stehen die Särge jener Priester von St. Stephan, die dem Domkapitel angehörten. Blumen und Kerzen vor einzelnen Nischen geben Zeugnis von der Beliebtheit der hier Ruhenden.

Obwohl nun der Weg weiter in die sogenannten „neuen Katakomben" (unter dem Stephansplatz) führt, wird die Atmosphäre eher gruseliger, der Weg unebener und das Licht spärlicher. Die Besucher erwartet aber heute kein so traumatisches Erlebnis, wie es die englische Reiseschriftstellerin Francis Trollope 1831 schilderte. Erbost beklagte sie, dass „eine so fürchterliche und höchst unanständige Schau in einer so wohlgeregelten Stadt gestattet wird ..." Angeblich wäre sie beim Anblick von „unzähligen Menschenleichen, die mich mit geöffnetem Mund angrinsten ...", fast wahnsinnig geworden. Nicht so exaltiert berichtet der Dichter Adalbert Stifter 1841 über seinen Besuch im Totenreich von St. Stephan, wenn er feststellt, dass „die rührende Hilflosigkeit eines Toten" der „Heiligkeit einer Leiche" fürchterlich widerspreche.

Mit der Einleitung der 1. Wiener Wasserleitung nahm die Feuchtigkeit in den Katakomben extrem zu. Man war gezwungen, Ordnung zu schaffen, und verscharrte die noch vorhandenen Leichenteile und die Gebeine in tiefen Gruben. Heute sind noch ein Massengrab aus der Pestzeit und eine Grabkammer mit Sargresten und Knochenteilen zu sehen.

INRI
1774

Was vom Menschen bleibt: Knochenreste in der Franziskanergruft.

Der Ausstieg aus den „neuen und alten Katakomben" direkt auf den lebhaften Stephansplatz befindet sich bei der Kruzifixkapelle (neben der Capistrankanzel), wo am 6. Dezember 1791 die sterbliche Hülle von Wolfgang Amadeus Mozart eingesegnet wurde, bevor der Leichnam in einem „einfachen allgemeinen Grab" und gemäß Josephinischer Reform ohne Bezeichnung am St. Marxer Friedhof beigesetzt wurde.

Den Albtraum früherer Generationen können Besucher in der nahegelegenen Gruft der Franziskanerkirche schaudernd nachvollziehen. Hier ruht ein, wie aus seiner Körperhaltung zu schließen ist, vermutlich als scheintot Begrabener. Mit erhobenen Armen wollte er den Sargdeckel anscheinend hochstemmen – vergeblich.

Auch diese Gruftanlage, deren teilweise zugeschüttete Gänge angeblich bis zum Stephansplatz reichen, zählt zu den ältesten von Wien. Wer heute in die Gruft hinuntersteigt, wird sich kaum mehr vorstellen können, welch schauderhaftes Durcheinander von aufgebrochenen Särgen, Knochen und mumifizierten Leichenteilen hier vor ca. 30 Jahren noch herrschte. Mehr als 1000 Menschen sollen hier beigesetzt worden sein. Die Särge sind nun in Reih und Glied aufgestellt, kein Erdboden lässt Verunreinigung zu, sondern ein Ziegelboden sorgt für Sauberkeit.

Das alles ist das Lebenswerk von Bruder Elias Unegg, der hier ab 1990, als er als Student der Franziskanergemeinschaft nach Wien kam, in vielen Nachtschichten versuchte, Ordnung in dieses Chaos zu bringen.

Das erforderte nicht nur großen körperlichen Einsatz, sondern auch viel Mut. Denn vor ihm versuchte bereits ein Mitbruder Ähnliches. Bruder Pius Fraberger starb 1932 im Alter von nur 22 Jahren, da er sich bei dieser Arbeit eine tödliche Infektion zugezogen hatte, vermutlich durch Leichengift.

Nicht nur die Bestattungsart via Sargrutsche, auch nicht Moder und Nässe allein verursachten das unterirdische Durcheinander. Zur Zeit der Franzosenkriege waren dies vielmehr Napoleons Krieger und mehr als ein Jahrhundert später Angehörige der Sowjetarmee, die hier nach kostbaren Grabbeigaben und versteckten liturgischen Geräten suchten.

Bruder Elias ging die Arbeit systematisch an. Die gefundenen Leichenteile und Gebeine wurden teils unter dem Volksaltar, teils in einem ehemaligen Belüftungsschacht vor der Fatimastatue in der Kirche eingesegnet und begraben. Die Särge der Wohltäter der Kirche, das waren Adelige und reiche Bürger der Stadt und deren Angehörige, wurden restauriert und neu aufgestellt. Unter ihnen befanden sich besonders kostbare Prunksärge der Adelsfamilien Gonzaga, Hoyos, Trauttmannsdorf.

Nach vielen Jahren intensiver Arbeit konnte Bruder Elias 1998, einen Tag nach seiner Priesterweihe, am Allerseelenaltar in der Gruft eine Heilige Messe feiern.

Die Totenstille vor dem österlichen Halleluja lässt sich mit allen Sinnen in der Jesuitenkirche, auch Universitätskirche genannt, eindrucksvoll nachvollziehen. Der Abgang in die Gruft, gleich nach dem Haupttor, ist außer zu Allerseelen auch am Karsamstag allgemein zugänglich. Im Anschluss an die Karfreitagsliturgie wird eine lebensgroße Nachbildung des Leichnams Jesu in die Gruft getragen. Hier ruht er dann, mit einem Tuch zugedeckt, auf einem Holzbrett am Boden. Das Gefühl, tatsächlich an der Bahre eines Toten zu stehen, ist unglaublich intensiv. Den ganzen Tag über steigen Menschen hinunter, um zu beten, Kerzen anzuzünden und Blumen hinzulegen.

Manche besuchen dann auch die Grabstellen der hier bestatteten Jesuiten. Über den Tod hinaus noch bekannte Namen sind auf den dort angebrachten Totentafeln zu lesen. Patres, die durch ihre Spiritualität das Leben der Kirche nach 1945 wesentlich prägten – Horatczuk, Krösbacher, Schrott, Nostitz, Jäger ...

In der erst seit 1930 wieder zugänglichen Gruft der Jesuitenpatres fanden auch 15 zivile Opfer eines am Ende des Zweiten Weltkriegs erfolgten Fliegerangriffes ihre letzte Ruhestätte – unter ihnen eine Frau.

Jener Mann, der die barocke Umgestaltung der Jesuitenkirche im Auftrag von Kaiser Leopold I. vornahm, hieß Andrea Pozzo. Der gebürtige Trientiner war ein vielseitiger Künstler – Architekt, Maler und auch Bildhauer. Sein bekanntestes Werk ist die Jesuitenkirche S. Ignazio in Rom. Gestorben ist Andrea Pozzo, der als Laienbruder dem Jesuiten-

Grabesstille vor dem österlichen Halleluja: die Gruft in der Jesuitenkirche (Universitätskirche).

Pieta in der Krypta der Kirche Am Hof: Ignatius von Loyola kniet an der Seite der Gottesmutter.

orden angehörte, in Wien. Es wird vermutet, dass seine Gebeine in der Gruft der Kirche Am Hof ruhen, die bis zur Auflösung des Ordens unter Maria Theresia im Jahre 1773 ebenfalls von den Jesuiten betreut wurde. Stichhaltige Hinweise haben sich aber bis heute dafür noch nicht finden lassen.

Die Geschichte der Kirche, die auch „Zu den neun Chören der Engel" genannt wird, und des dazugehörenden Klosters ist sehr wechselvoll. Ursprünglich stand auf diesem Platz das Professhaus der Jesuiten, nach dessen Auflösung etablierte sich im Gebäude der Hofkriegsrat, dann zog das Kriegsministerium ein und seit 1912 befindet sich in dem Neubau, der an die Stelle des abgerissenen alten Hauses getreten ist, der Sitz einer Bank. Ein Ort bedeutender geschichtlicher Ereignisse war die Loggia der Kirche. Von dort spendeten zwei Päpste den unten versammelten Gläubigen den Segen: 1782 Pius VI. und 225 Jahre später, im Jahre 2007, Benedikt XVI. Und feierlich verkündete am 6. August 1806 ein Reichsherold von der Balustrade herab das Ende des seit 850 Jahren bestehenden Heiligen Römischen Reiches Deutscher Nation. Franz II. – seit 1804 als Franz I. Kaiser von Österreich – hatte unter dem Druck der politischen Ereignisse die römisch-deutsche Kaiserwürde zurückgelegt und das Reich für aufgelöst erklärt.

Der Abstieg in die Gruft ist im Rahmen einer Wien-Führung möglich, erfordert aber etwas körperliche Fitness. Bei einer im Vorraum zur Sakristei befindlichen eisernen Falltüre geht es über steile Stufen

Kirche Am Hof: der Abgang zur ehemaligen Jesuitengruft.

hinunter. Der zu besichtigende Teil ist nicht sehr groß. Wie weit sich die Gänge tatsächlich erstrecken, ist noch nicht erforscht. Man kann nur vermuten, dass es zugeschüttete Verbindungsgänge sowohl zu den tiefen Kellern der mittelalterlichen Bürgerhäuser als auch zu den Grüften und Krypten der Kirchen in der Innenstadt gibt. Bei Kanal- und U-Bahn-Bauten stieß man immer wieder auf Hinweise zu solchen Querverbindungen. Schon der am Hof Kaiser Friedrichs III. weilende Sekretär Aeneas Silvio Piccolomini, der spätere Papst Pius II., bemerkte in seiner Stadtbeschreibung, dass „Wien unterhalb der Erde nochmals so groß sei als oberhalb".

Interessantestes Objekt in der Krypta Am Hof ist die aufgestellte Pieta, die hier ganz ungewöhnlich aus einer Gruppe von drei Personen besteht. Neben Maria, die den toten Leichnam Jesu in den Armen hält, kniet versunken der Gründer des Jesuitenordens, der hl. Ignatius von Loyola. Seine Gesichtszüge sollen originalgetreu sein, da sie angeblich seiner Totenmaske nachgebildet wurden.

In den Kolumbarien, welche die Tiefe einer Menschenlänge haben, ruhen die hier bestatteten Jesuitenbrüder ihrer Auferstehung entgegen und sind zum Zeichen der gelobten Armut nur in Tücher gehüllt.

Eine Ahnung vom Zeremoniell der einstigen Habsburger-Monarchie bekamen die Bürger der Republik Österreich am 1. April 1989. An diesem Tag wurde die letzte Kaiserin von Österreich und Königin von Ungarn, Zita von Bourbon-Parma, in der Kaisergruft der Kapuziner-

Monumentaler Sargschmuck in der Kapuzinergruft.

Der Sarkophag von Karoline Gräfin Fuchs-Mollard, der Aja Maria Theresias.

kirche beigesetzt. Dreimal begehrte der Zeremonienmeister einem alten Brauch zufolge Einlass für die Tote. Zweimal wies dies der Bruder Pförtner unbeeindruckt von allen angeführten Titeln zurück. Erst beim dritten Mal, als „Zita, ein sterblicher, sündiger Mensch" in den Kreis der erlauchten Toten aufgenommen werden wollte, kam die Aufforderung: Sie trete ein.

Die Kaiser- oder Kapuzinergruft wurde 1617 zugleich mit dem Kapuzinerkloster als kaiserliche Grablege gegründet. Achtmal wurde sie im Laufe der Jahrhunderte erweitert. Insgesamt 145 Habsburger sind hier bestattet, davon 12 Kaiser und 19 Kaiserinnen. Einzige Nicht-Habsburgerin, die auf Wunsch Kaiserin Maria Theresias ebenfalls hier ihre letzte Ruhestätte gefunden hat, ist Reichsgräfin Karoline von Fuchs-Mollard. Sie war die geliebte Aja von Maria Theresia und später auch die Erzieherin ihrer Kinder. Es war der Wunsch der Kaiserin, dass diese Frau, die ihr wie eine Mutter nahestand, auch im Tod an ihrer Seite sei. Anziehungspunkt für die meisten Touristen ist nicht der Mittelpunkt der Gruft, der prunkvolle Doppelsarkophag Maria Theresias und ihres Gatten Franz I. Stephan, sondern der eher schlichte Sarg von Elisabeth, der Gattin Kaiser Franz Josephs I. Seit den rührselig-kitschigen Sisi-Filmen der Nachkriegszeit hat sich ein wahrer Sisi-Kult entwickelt, mit dem die Neugierde am Leben dieser exzentrischen Frau immer wieder angestachelt wird. An der Seite ihres Mannes und ihres Sohnes, Kronprinz Rudolfs, der durch Selbstmord seinem Leben ein Ende gesetzt

Die Särge von Kaiserin Elisabeth und Kaiser Franz Joseph.

hatte, dürfte sie nun jene Ruhe gefunden haben, der sie im Leben rastlos nachjagte.

Der Wunsch von Kaiserin Zita, ebenfalls neben ihrem Gatten einmal ihre letzte Ruhestätte zu finden, wird kaum in Erfüllung gehen. Karl I., mit dessen Rückzug im Jahre 1918 die 640-jährige Geschichte des Hauses Habsburg in Europa zu Ende gegangen war, starb am 1. April 1922 im Alter von 36 Jahren im Exil auf Madeira. Zu einer Überführung nach Österreich wird es vermutlich deswegen nicht kommen, weil Karl in Österreich politisch noch immer als *Persona non grata* gilt und sich außerdem die Inselbewohner kaum von ihrer Touristenattraktion trennen werden. Ein Besuch der Ruhestätte des letzten österreichischen Kaisers in der Kirche do Monte, der dazu noch auf Betreiben monarchistischer Kreise am 21. Oktober 2004 von der katholischen Kirche seliggesprochen wurde, steht auf jedem Madeira-Programm.

Seit 12. Jänner 2008 ruht Zita nicht als Einzige ihrer engeren Familie in der Kapuzinergruft. Ihr im Alter von 89 Jahren verstorbener Sohn Carl Ludwig wurde an diesem Tag mit monarchistischem Zeremoniell ebenfalls hier beigesetzt.

Neben der Herzogsgruft zu St. Stephan und der Kaisergruft bei den Kapuzinern gab bzw. gibt es noch weitere Begräbnisstätten des Hauses Habsburg, die teils aufgelassen wurden bzw. öffentlich nicht zugänglich sind. So wie die Klostergruft der Salesianerinnen auf dem Rennweg, in welcher Kaiserin Amalie Wilhelmine, Gattin Josephs I., in

Habsburgisches Begräbniszeremoniell: die Beisetzung von Carl Ludwig, einem Sohn des letzten Kaisers.

Ordenstracht unter dem Hochaltar ruht. Zugänglich ist dagegen die Gruft unter der Dominikanerkirche, in der neben den Ordensbrüdern auch die zweite Gattin Kaiser Leopolds I., Claudia Felicitas, begraben ist. In der ehemaligen Familiengruft der Fürsten von und zu Liechtenstein stehen die Särge der Kaiserin und ihrer Mutter Anna von Medici. Zwei Töchter, die beide im Babyalter starben, hatte Claudia Felizitas ihrem Gemahl geboren, bevor sie selbst im Alter von nur 23 Jahren starb. Das Herz ihrer zweiten Tochter Maria Josefa ruht in einem vergoldeten Silbergefäß auf dem Sarg der Mutter. Ein Anblick, der in der mystischen Atmosphäre zutiefst berührt.

Im Zweiten Weltkrieg als Luftschutzraum benützt: Krypta der Kirche Alser Vorstadt.

Der Wiener Konvent des Ordens zählt neben Dubrovnik und Krakau zu den nie aufgelassenen Dominikaner-Niederlassungen. Laut dem 1474 begonnenen Totenbuch sind hier ungefähr 3000 Brüder begraben. Unter den zuletzt im 20. Jahrhundert begrabenen Fratres sticht auf einer Tafel der Name Fr. Diego Hans Götz ins Auge. Er war nach dem Zweiten Weltkrieg einer der bekanntesten Prediger, dessen Selbstinszenierung durch theatralische Gestik nicht jedermanns Sache war. Er hatte aber eine große, vor allem weibliche Fan-Gemeinde, deren Mitglieder ironisch „Götzen-Dienerinnen" genannt wurden.

Grüfte und Krypten werden nicht immer nur als Begräbnisstätten genutzt. In bedrohlichen Situationen bieten sie auch Unterschlupf. So wie die ersten Christen in den unterirdischen Grabanlagen vor den Mauern des antiken Roms Zuflucht gefunden hatten, verbargen sich die Wiener bei den beiden Türkenbelagerungen von 1529 und 1683 in den weitverzweigten Gängen ihrer unterirdischen Stadt. Dort fühlten sie sich sicher. Jahrhunderte später dienten sie Menschen, deren Leben bedroht war, wieder als sicher angesehenes Versteck.

In der Krypta der Kirche Alser Vorstadt, geweiht auf die Heiligste Dreifaltigkeit, erinnert die noch heute ausgehängte Luftschutzordnung an die Bombardements auf Wien gegen Ende des Zweiten Weltkrieges. Die Zeichnungen und Kritzeleien an den Wänden geben die Ängste der hier Schutz suchenden Menschen wieder. Deutlich zu lesen ist noch ein Vierzeiler, datiert vom 1. Februar 1945:

Als die Flieger brausten oben
lernten wir dies Gewölbe loben!
Bei Flakgebrüll und Bombennot
bargen wir uns hier vorm Tod!

2

Eine mystische Atmosphäre strahlt diese Krypta aus, zu der nur einige Stufen gleich nach dem Haupteingang der Kirche hinunterführen. Von den jeweils vier Seitennischen ging früher noch eine Reihe von Gängen aus, die heute aber zugeschüttet sind. Ein Gang führte auch in das gegenüberliegende Alte Allgemeine Krankenhaus, das heute nicht mehr als Spital geführt wird. Selbst bei Luftangriffen konnte der Priester durch den unterirdischen Zugang ungehindert in das Spital und zu den Kranken gelangen.

Sich überlagernde Symbolik: Sensenmann und griechischer Gott Chronos mit Flügeln.

Eine kunsthistorische Besonderheit stellt aber eine an einem Pfeiler zu sehende Kohlezeichnung dar. In Menschengröße ist hier der Tod mit der Sense in der Hand dargestellt. Auf seinem Kopf symbolisiert ein Stundenglas die Vergänglichkeit des Lebens. Ungewöhnlich sind aber die großen Flügel links und rechts des Totenkopfes. Eine Erklärung dafür gibt es aus der griechischen Mythologie: Chronos war der Gott der Zeit und wurde mit Kopfflügeln abgebildet. Im Mittelalter wurde diese Darstellung in Verbindung mit dem Stundenglas auch für den „Sensenmann“ verwendet.

Zu Kriegsende 1945 bot die Krypta der Karmeliterkirche auf der Hohen Warte (19. Bezirk) den Frauen der Umgebung ein Versteck vor den sich im Siegestaumel befindenden Soldaten der Roten Armee. Einige Patres des Ordens der Unbeschuhten Karmeliten lenkten mit ihren Kenntnissen slawischer Sprachen und einer gewissen Trinkfestigkeit die Soldaten ab und verhinderten so deren weitere Suche nach „Beute“.

In dieser Begräbnisstätte der Klostergemeinschaft sind auch drei weibliche Angehörige des französischen Herrschergeschlechts der Bourbonen bestattet. Maria Berta de Bourbon, geborene Prinzessin Rohan, starb 1945.

Viel Mut bewies die Pfarrleitung der Kirche zum Hl. Geist auf der Schmelz. Für ukrainische Zwangsarbeiter und untergetauchte Soldaten der Deutschen Wehrmacht öffnete man in den letzten Kriegstagen des Jahres 1945 die Pforten der Unterkirche, um sie der blinden Rachsucht der NS-Schergen zu entziehen.

Die Kirche wurde von Josef Plečnik, einem Otto-Wagner-Schüler, zwischen 1911 und 1913 errichtet. Der interessante, erstmals in Eisenbeton errichtete Kirchenbau erinnert mit seiner fensterlosen Hauptfront an einen griechischen Tempel. In der Krypta unter dem Hauptaltar befinden sich drei Grotten, die drei Stationen im Leben Jesu darstellen: den Stall zu Bethlehem, den Ölberg und die originalgetreue Nachbildung des Hl. Grabes. Die Todesangst des Karfreitags werden jene 52 Menschen, die hier vor dem Zugriff der NS-Schergen im Frühjahr des Jahres 1945 Zuflucht fanden, selbst hautnah verspürt haben.

Eine nicht geplante Gruft für ungefähr 300 Menschen wurde am 12. März 1945 der Philipphof neben der Albertina in der Wiener Innenstadt. Der Luftschutzkeller des Gebäudes galt als besonders sicher, deshalb suchten besonders viele Menschen bei Fliegeralarm hier Schutz.

Nachbildung des Hl. Grabes in der Kirche zum Hl. Geist auf der Schmelz. Die Vorderfront der Kirche erinnert an einen griechischen Tempel.

Linke Seite: Abgang zur Unterkirche.

An diesem Märztag aber, knapp vor Ende des Zweiten Weltkrieges, ging um die Mittagszeit das schwerste Bombardement der Alliierten auf Wien nieder. Von mehreren Bomben getroffen, stürzte der Philipphof wie ein Kartenhaus in sich zusammen. Nur wenige Menschen konnten lebend aus den Trümmern geborgen werden. Für ungefähr 300 Zufluchtsuchende kam jede Hilfe zu spät.

Die Ruinen des Philipphofes wurden 1947 gesprengt. Aus Respekt vor den hier begrabenen Toten beschloss die Stadtverwaltung, diese Fläche nicht mehr zu bebauen. Gestaltet wurde der Platz durch das vom Bildhauer Alfred Hrdlicka errichtete vierteilige Denkmal gegen „Krieg und Faschismus".

Unter Denkmalschutz, durch private Initiative bewahrt ...

Friedhöfe als Denkmäler der Stadtgeschichte

Alois Hänisch
Ludwig Hänisch

W. A.
MOZART

St. Marxer Friedhof

Mozart-Gedenkstätte auf dem St. Marxer Friedhof.

Da Kaiser Joseph II. jede Beisetzung innerhalb des Linienwalls aus hygienischen Gründen verboten hatte, entstand eine Reihe von Friedhöfen in den Vororten, von denen nur der St. Marxer Friedhof an der Grenze zwischen drittem und elftem Bezirk in seinem ursprünglichen Zustand überdauert hat. Sowohl der braunrote Backsteinbau als auch das Gittertor blieben in zeittypischer Architektur erhalten. Nach Eröffnung des Zentralfriedhofes wurden in St. Marx keine Begräbnisse mehr vorgenommen. Möglicherweise von der Verwaltung vergessen und deshalb nicht in einen „lieblichen" Park umgewandelt, wurde dieser Biedermeierfriedhof in den dreißiger Jahren des 20. Jahrhunderts auf eine Initiative des Wiener Heimatforschers Hans Pemmer unter Denkmalschutz gestellt, restauriert und wird seither kontinuierlich gepflegt. Auch den Bau einer Stadtautobahn in unmittelbarer Nähe überstand der St. Marxer Friedhof ohne Veränderungen. Inmitten eines lauten und pulsierenden Industrieviertels stellt er eine Oase der Stille dar.
Ein Spaziergang auf diesem Friedhof ist ein Gang durch die Wiener Geschichte des 18. Jahrhunderts. Nicht nur der große Komponist Wolfgang Amadeus Mozart wurde am 6. Dezember 1791 in einem „allgemeinen einfachen Grab" beigesetzt. Eine solche Grabstätte kostete einen Gulden, 30 Kreuzer waren für den Totengräber zu bezahlen. Das war kurz nach der Josephinischen Reform eine durchaus übliche Form. Die Zeitgenossen werden sicherlich genau gewusst haben, wo sich die Grabstätte befand. Nach zehn Jahren allerdings fiel, wenn kein Stein oder eine Gedenktafel da war, das Grab wieder dem Friedhof anheim. Nur wenige Hinweise gibt es, wie es mit dem Mozartgrab weiterging. So schrieb der Schauspieler und Schriftsteller Joachim Perinet ein Stück über das Verhältnis zwischen Mozart und Schikaneder. In diesem Stück behauptet Schikaneder, auf Mozarts Grab einen Baum gepflanzt zu haben. Bereits 1805 beklagte Joseph Haydn, dass Mozarts Grab keinen Stein trage. Wenige Jahre später besuchte die Witwe Constanze den Friedhof und konnte das Grab nicht sicher lokalisieren. Dass sie selbst kein Kreuz oder einen Stein setzen ließ, rechtfertigte sie damit, dass sie geglaubt habe, das werde seitens des Friedhofs besorgt. Jedenfalls konnte bei späteren Nachforschungen nur mehr die ungefähre Lage des Grabes eruiert werden.1851 wurde an dieser Stelle ein Denkmal aufgestellt, das 1891 zum Ehrengrab auf den Zentralfriedhof übersiedelte. An der vermuteten Stelle platzierte ein Friedhofswärter einen Putto, später kam dann die geborstene Säule, übrigens ein deutliches Freimaurersymbol, dazu. Die etwas schiefe Sachlage fasste der bedeutende Biograf Constant von Wurzbach treffend zusammen: „Hätte Frau Mozart nach ihres Gatten Bestattung nur einige Wochen, einige Mona-

Grabstein des Biedermeier-Malers Johann Nepomuk Höfel auf dem St. Marxer Friedhof.

te, ja ein Jahr später den Friedhof besucht, der Mozarts Leiche barg, so hätte sie das Fehlen des Kreuzes bemerken müssen, und damals wäre noch Zeit gewesen, die Ruhestätte des großen Tonsetzers unfehlbar zu bezeichnen." Durch Constanzes verständliche Sparsamkeit und nicht nachvollziehbare Uninteressiertheit entstand eine ungeklärte Lage, die zur Mythenbildung anregte.

Um die Mitte des 19. Jahrhunderts wurde mit einer Sammelaktion für ein Komponistendenkmal, das nicht nur für Mozart, sondern auch für Gluck und Haydn errichtet werden sollte, begonnen. Angeblich gab es für dieses „Gruppendenkmal" einen Entwurf von Adam Rammelmayer, dem Gestalter des Heldenbergs. Grillparzer schrieb dazu einen sarkastischen Vierzeiler:

Das Monument der vier Tonsetzer
Sparsam sind wie in Haß und Liebe,
Die Zwecke groß, die Mittel klein;
Wie einen Galgen auf vier Diebe –
Vier Meistern einen Leichenstein.

Ein echtes Mozartdenkmal gab es dann erst zu Ende des 19. Jahrhunderts. Es steht heute im Burggarten.

Zahlreiche andere prominente Persönlichkeiten des Wiener Kulturlebens in der Zeit des Wiener Biedermeier fanden hier eine letzte Ruhe-

Letzte Ruhestätte des Basilio Calafati, seines Zeichens Praterunternehmer.

stätte, wie der Komponist Johann Georg Albrechtsberger oder der berühmte Virtuose Antonio Diabelli. Die Maler Peter Fendi und Moritz Michael Daffinger, die Architekten Josef Kornhäusel und Peter Nobile, sie haben das Erscheinungsbild der Stadt geprägt und die Kunstgeschichte Wiens mitgeschrieben. Einen sehr zeittypischen Spruch trägt das Grab des Komikers und Schauspielers am Leopoldstädter Theater, Anton Hasenhut, der die Bühnenfigur des „Thaddädl", eines Gecken, kreierte. Da lautet es in typischer Stammbuchmanier:

Er übte mit Eifer jede Pflicht,
Hielt die Kunst des Strebens umworben,
Ach, nur zu früh hat himmlisches Licht
Den irdischen Docht verzehret.
Ihr vaterlosen Waisen! Oh weihet
Dem Schmerz nicht der Tränen zuviel.
Das Grab ist die Pforte zur Seligkeit
Und Seligkeit unser Ziel.

So wenig vergessen wie die Bezeichnung „Thaddädl" ist auch der untrennbar mit der Geschichte des Wiener Praters verwobene Calafati. Für die Nachgeborenen nur die Figur eines überdimensionalen Chinesen, der im Zentrum eines Ringelspiels stand und, sobald sich dieses bewegte, die Hand hob. Tatsächlich stand dahinter der sehr kreati-

Hier ruhet
Herr
JOSEPH MADERSPERGER
Erfinder der Nähmaschine
1768 – 1850

ve und geschäftstüchtige Triestiner Schausteller Basilio Calafati, der seine Laufbahn als „Salamucci“, d. h. als Salamiverkäufer begann. Er errichtete das erwähnte Ringelspiel, auf dem zunächst Pferde, aber schon ab Mitte des 19. Jahrhunderts zwei Minilokomotiven ihre Kreise drehten. Er starb als hoch geachteter Praterunternehmer. 1905 wurden die sterblichen Überreste seiner ganzen Familie in ein Ehrengrab auf dem Zentralfriedhof überführt.

Joseph Madersperger, der Erfinder der Nähmaschine, erhielt ein eher bescheidenes Grabmal.

Der St. Marxer Friedhof beherbergt nicht nur die Grabstätten der Arrivierten und Prominenten, auch einer, der im St. Marxer Armenhaus starb, weil er zu Lebzeiten für seine Erfindung keine Anerkennung fand, wie Joseph Madersperger wurde hier beigesetzt.

Einige der Prominenten wurden nach Eröffnung des Zentralfriedhofes in diesen überführt und in einem Ehrengrab der Stadt Wien bestattet, wie etwa die Weltreisende Ida Pfeiffer oder Mozarts zunächst erfolgreicherer Zeitgenosse Antonio Salieri, ebenso die Maler Fendi und Daffinger, die Architekten Kornhäusel und Nobile. Ein typisches Beispiel hierfür ist die äußerst beliebte Volksschauspielerin und Sängerin Therese Krones, die kaum dreißigjährig, betrauert von ganz Wien, an einer tückischen Krankheit starb. Sie war Raimunds „Jugend“ gewesen, die liebenswerte Figur aus seinem Stück *Der Bauern als Millionär*, die die Schnelllebigkeit und Vergänglichkeit der Jugend besingt. Umso tragischer, dass ihr eigenes Leben nur so kurz währte. Das Wiener Publikum lag ihr zu Füßen und verzieh ihr auch einen hochstaplerischen Liebhaber. Der aus polnischem Adel stammende Severin von Jaroszynski hatte, um die geliebte Schauspielerin aushalten zu können, einen Raubmord begangen und fand 1827 durch Henkershand bei der Spinnerin am Kreuz sein Ende. Tausende Menschen waren Zeugen dieses „Schauspiels“, der Geistliche, der den Raubmörder in seiner letzten Stunde begleiten sollte, hielt an die Massen eine Rede über die „Macht der Leidenschaften“. Therese Krones wollte aus Verzweiflung in ein Kloster gehen, ließ sich aber doch zu einem Comeback überreden und wurde enthusiastisch gefeiert. An sie erinnert am St. Marxer Friedhof noch ein Kenotaph. Die romantische Liebesgeschichte mit tragischem Ausgang wurde noch Jahre nach dem Tod der Krones von Wiener Bänkelsängern besungen.

Ein weiterer Prominenter des Biedermeier ist Andreas Streicher, der jedem Mittelschüler ein Begriff sein könnte, denn er war es, der Friedrich Schiller zur Flucht aus der Militärakademie Karlsschule in Stuttgart verhalf. Er ließ sich später in Wien nieder und heiratete in eine der zahlreichen Klavierbauerfamilien ein. Er entwickelte die legendäre Wiener Mechanik.

Der Grabstein des Schöpfers der serbo-kroatischen Schriftsprache Vuk Stefanović Karadžić, der im dritten Bezirk zu Hause war, hat sich ebenfalls samt einer Inschrift in cyrillischen Buchstaben erhalten und legt Zeugnis ab von der Multinationalität Wiens im 19. Jahrhundert.

Auch der Arzt und Dichter Ernst Freiherr von Feuchtersleben, der Reformer des österreichischen Schulwesens und Enkel des legendären „Mohrenprinzen“ Angelo Soliman, der nach seinem Tod 1796 auf Weisung von Kaiser Franz II. ausgestopft werden musste, wurde am St. Marxer Friedhof bestattet, später ebenfalls in ein Ehrengrab am Zentralfriedhof umgebettet.

Der St. Marxer Friedhof, auf dem noch etwa 200 Grabsteine erhalten sind, ist ein Wiener Bürgerfriedhof, wohl bestallte Beamte, Handwerker und Handeltreibende sowie deren Witwen fanden hier eine letzte Ruhestätte. Von der Bedeutung im Leben, von der wichtigen Position in der Gesellschaft künden die uns heute kurios und seltsam erscheinenden Berufsbezeichnungen, vor allem wenn sich die Witwen mit dem Titel des längst verstorbenen Ehemannes schmückten. Doch in Zeiten, in denen Frauen ihren Stellenwert in der Gesellschaft ausschließlich über die Position des Ehemannes definierten, war dies keineswegs verwunderlich. So zeugen heute fast unbegreifliche Berufsbezeichnungen von den Änderungen in der Gesellschaft, von vergangenen Zeremonien und Ritualen.

Sein einzigartiges Flair entwickelt der St. Marxer Friedhof zur Zeit der Fliederblüte, wenn hunderte Fliederbüsche in voller Blüte stehen und die Luft vom schweren Duft des Flieders geschwängert ist. Dann ist der St. Marxer Friedhof eher eine stille Parklandschaft denn eine Stätte des Todes, ein versöhnlicher und besinnlicher Ort.

Grabstein eines „Privatiers“ auf dem Friedhof St. Marx.

Friedhof der Namenlosen

Der kleine Friedhof „auf dem Sauhaufen im Fondsgut Ebersdorf", im südöstlichsten Zipfel von Wien beim Alberner Hafen, wurde ab 1854 für jene namenlosen und nicht identifizierbaren Leichen zur letzten Ruhestätte, die die Donau infolge eines Strudels an dieser Stelle anschwemmte. Oft waren dies Selbstmörder oder Selbstmörderinnen, junge Mädchen, die die Schande einer unehelichen Geburt nicht ertragen konnten. Dienstmädchen, die, geschwängert vom Sohn des Hauses, den billigen Wassertod gesucht hatten. Sie alle durften nicht in geweihter Erde begraben werden, die Kirche verwehrte ihnen den letzten Trost.

Der 478 Grabstätten umfassende Friedhof mit einem gusseisernen Gedenkkreuz beeindruckt durch eine seltsame Morbidität bei gleichzeitig völliger Naturbelassenheit. Denn seit mehr als einem Jahrhundert wird dieser Friedhof nicht mehr belegt, die Natur, vor allem das Wasser eroberte sich das Gelände zurück. Bei Hochwasser wurde der Friedhof oft überschwemmt, als wollte sich das Wasser die Toten wieder holen. Trotz schwerer Beschädigungen fanden sich immer mitleidige Seelen, die den Friedhof wieder in Stand setzten. Heute besteht der alte Friedhof nur mehr aus einer tief gelegenen Mulde, überragt von einem

Der Friedhof der Namenlosen beim Alberner Hafen.

„Namenlos" im Leben,
namenlos noch im Tod.

Bescheidenes Andenken an ein Gewaltopfer am Friedhof der Namenlosen.

großen Kreuz, das an die Beigesetzten erinnert. Blumen zu jeder Jahreszeit, aber keine Inschriften.

1900 wurde nach Errichtung eines Dammes im Zuge des Ausbaues des Wiener Hafens ein zweiter, von Hochwasser geschützter Friedhof angelegt, wo bis 1940 noch Beisetzungen stattfanden. Nach Errichtung des Dammes gab es keinen Strudel mehr in der Donau, unbekannte Tote wurden nicht mehr angeschwemmt. Manche Inschrift auf den bescheidenen Grabkreuzen weist auf schreckliche Schicksale hin, wie „Ertrunken 1904 durch fremde Hand im 11. Lebensjahr", ein nachdenklich machendes Memento mori. Welch grauenhafte Tragödie sich wohl hinter diesen wenigen Worten verbirgt?

Es ist ein Friedhof der kleinen Leute, die wenigen beschrifteten Grabkreuze berichten von Maurern, Bäckern, Arbeitern, die im Hafen ihr täglich Brot verdienten. Auch einen Hamburger hat es an die Donau, die sein Grab wurde, verschlagen. Ebenso fand der frühere Wirt eines nahe gelegenen Gasthauses am Friedhof der Namenlosen seine letzte Ruhestätte. Die hier beigesetzten Toten wurden immer in einem von einer Tischlerei gespendeten Holzsarg beerdigt, niemals lieblos verscharrt.

Heute ist der Friedhof liebevoll gepflegt, die gusseisernen Grabkreuze sind in bestem Zustand, die Inschriften, soweit vorhanden, gut lesbar. Im neueren Friedhofsteil befindet sich eine kleine Kapelle, die 1987 mit Unterstützung der „Wiener Hafen GmbH" restauriert wurde. An der

Außenmauer der Kapelle wurde eine Gedenktafel für einen Herrn Josef Fuchs angebracht; er hatte jahrzehntelang für die Pflege des Friedhofs gesorgt. Heute haben sich seine Nachkommen ehrenamtlich dieser Aufgabe angenommen. Zu Allerheiligen baut der örtliche Fischereiverband ein mit Blumen geschmücktes Floß, das zum Gedenken an die in der Donau Verstorbenen dem Fluss übergeben wird.
An der Friedhofsmauer fasst ein Gedicht von Erik Wickenburg die Lebensdramen der Verstorbenen in der dritten Strophe zusammen:

Alle die sich hier gesellen
Trieb Verzweiflung in der Wellen
Kalten Schoß.
Wie die Kreuze die da ragen,
Wie das Kreuz das sie getragen,
„Namenlos".

Inzwischen wurde der Friedhof zu einem literarischen Ort, im Roman *Wiener Passion* von Lilian Faschinger spielt eine Schlüsselszene bei den „schmucklosen Grabstätten". Faschinger breitet in ihrem Roman die Tragödie eines Wiener Dienstmädchens aus, das jedoch gerade am Friedhof der Namenlosen durch den Friedhofsbetreuer kurz ein wenig Trost findet. Er gibt ihr einen besinnlichen Spruch mit, der die Stimmung dieses Armeleutefriedhofs treffend einfängt:

So ruhet nun in Frieden,
Ihr arg gequälten Herzen,
Seid aus der Welt geschieden,
Hier gibt es keine Schmerzen.

Im amerikanischen Spielfilm *Before sunrise*, einem Kammerspiel um Liebe mit ungewissem Ausgang, in den Hauptrollen Ethan Hawke und Julie Delpy, spielt eine Szene auf dem Friedhof der Namenlosen, was diesem internationale Beachtung verschaffte.

Kahlenberger Friedhof

Das Tor zur Kapelle auf dem Kahlenberger Friedhof.

Den schönsten Ausblick auf Wien genießt man vom Kahlenberger Friedhof, wenn man den etwas beschwerlichen Aufstieg von der Donaulände bis hinauf zum St.-Josefs-Friedhof, etwas unterhalb der Aussichtsterrasse liegend, auf sich genommen hat. Dieser 1783 geweihte typische Biedermeierfriedhof mit nur wenigen Grabstätten ist tatsächlich ein idyllischer Ort, der von zahlreichen Bäumen beschattet wird. Um die hier Beigesetzten aber ranken sich Geschichte und Geschichten.

Zur Zeit des Wiener Kongresses befand sich dieser Friedhof im Besitz von Johann und Josefa Traunwieser. Später ging er in den Besitz der Schlossermeisterfamilie Finsterle über, die auch am Josefsfriedhof ein Mausoleum hat.

Der früheren Besitzer Tochter, „ein liebliches Mädchen", und ihre romantische Liebesgeschichte waren Gesprächsstoff der Kongressbesucher. Karoline Traunwieser war eine begabte Sängerin, die sich in einen feschen französischen Offizier, einen Oberst Rameuf, verliebt hatte. Doch dieser fiel 1812 in der Schlacht an der Beresina, Karoline Traunwieser verfiel daraufhin der Verzweiflung. Zweieinhalb Jahre später starb sie, nur einundzwanzig Jahre alt, an der Lungenschwindsucht. Einer ihrer lebhaftesten Bewunderer, der Orientalist und spätere Präsident der Akademie der Wissenschaften, Josef von Hammer-Purgstall, schildert sie als eine „... Peri [eine persische Fee], wie ich sie nur geträumt, nie gesehen hatte". Er widmete der Vielgeliebten ein Gedicht, das an ihrem Grabstein angebracht ist:

Auch uns Freunden sey die Klage gegönnt!
In Ihr ward offenbar,
was Schönheit, Jugend, Anmuth,
Unschuld, Talent und Güte
Über Herzen und Seelen vermag,
bezaubernd durch Gesang,
der schönste Schönere, allbewundert, allgeschätzt, allgeliebt.

Im Dezember 1814 erlebte der Kahlenberger Friedhof das Schauspiel eines militärischen Begräbnisses eines Feldmarschalls. Man trug Charles Joseph Lamoral Fürst de Ligne, Diplomat und kaiserlicher Feldmarschall, zu Grabe. Zehntausend sollen dem „rosaroten Prinzen" – so benannt wegen seiner Vorliebe für Rosa, das die Farbe seines Regiments gewesen war – das letzte Geleit gegeben haben. Alle, bis auf den kleinbürgerlichen Kaiser Franz I., haben diesen lebensfrohen und charmanten Franzosen geliebt. Seinem Sarg folgten alle anlässlich des Kongres-

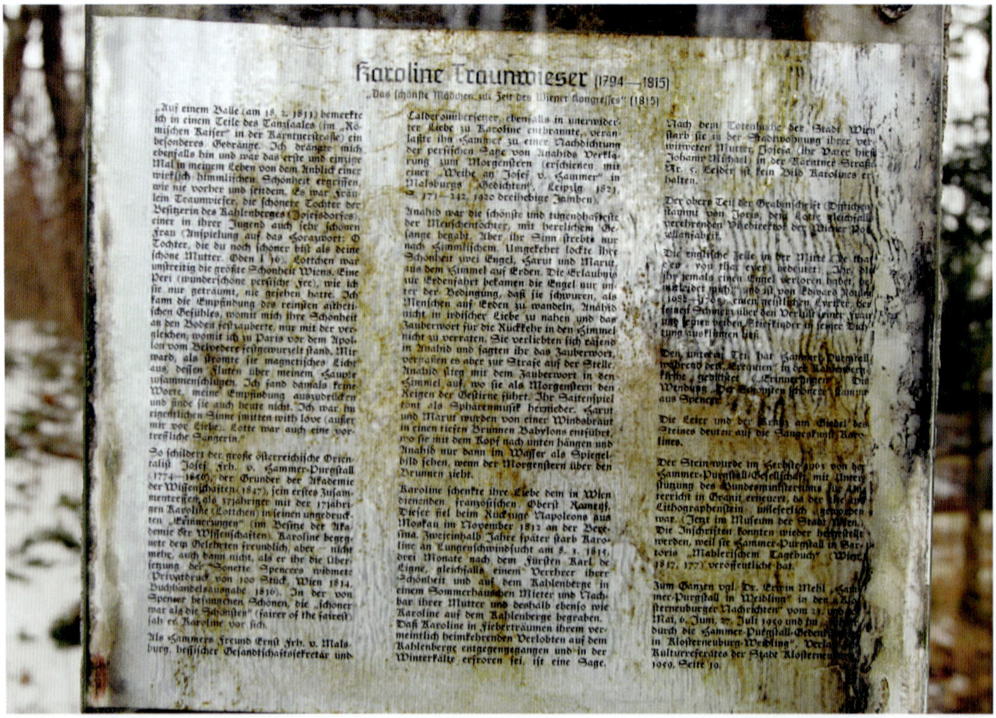

Die Schilderung von Karoline Traunwiesers Schicksal, seitlich am Grabstein angebracht.

Rechte Seite: Der Grabstein des „schönsten Mädchens“ von Wien: Karoline Traunwieser.

ses in Wien weilenden Herrscher und Diplomaten. Eine Schilderung seines Begräbnisses hinterließ uns ein Zeitzeuge: „... 8000 Mann Infanterie rückten aus, vier Batterien und mehrere Eskadronen aller Art. Eine Kompanie der kaiserlichen Trabanten flankierte den Leichenwagen, ein Ritter in schwarzer Rüstung folgte, den Degen zur Erde gesenkt, dann kam ein Schlachtroß mit schwarzem Schleier. Und dann ein Paradezug von Marschällen, Admirälen, Generälen aus allen Ländern Europas: Eugène Beauharnais, der General Tettenborn, Philipp von Hessen-Homburg, Fürst Ypsilanti, der Herzog von Lothringen, der Herzog von Richelieu, alle Staatsmänner und Minister, die Wien beherbergte, manche Militärs mit gezücktem Säbel, alle fanden sich zu der grandiosen Kundgebung. Der Leichenzug hielt bei der Schottenkirche, in der die Messe gelesen wurde, und setzte dann seinen Weg über die Bastei, bei der Kaiser Franz I., der König von Preußen und Zar Alexander I. dem Toten die letzte Ehre erwiesen, zur Grabstätte fort.“ Man begrub einen Europäer, der dem Ideal der vorrevolutionären aristokratischen Gesellschaft entsprach. Sein Lebensmotto lautete: *Quo res cumque cadunt semper stat linea correcta* (Möge alles fallen und stürzen, immer die gerade Linie).

Die De Lignes stammten aus dem Hennegau, der im Zuge der französischen Revolution an Frankreich fiel. Der Fürst musste 1794 seinen Wohnsitz Beloeil aufgeben. Seit dem Siebenjährigen Krieg, seit 1755, stand er in kaiserlichem Dienst; er brachte es als Militär bis zum Feld-

Hier ruhet
Caroline Traunwieser
geboren den 8ten December 1794.
gestorben in ihrer Blüthe den 8ten März 1815.
Ye that e'er lost an angel, pity me
(Young)
(J. v. Hammer-Purgstall)

marschall, höchst dekoriert mit dem Orden des Goldenen Vließes und mit dem Militär-Maria-Theresien-Orden. Als Kapitän der k. k. Trabantenleibgarde bekleidete er noch im Alter eine ehrenvolle Funktion. Als Diplomat bereitete er am Hofe der Zarin Katharina II. der Großen deren Treffen mit Kaiser Joseph II. vor. Den einstigen Glanz, der ihn in seinem heute belgischen Heimatort umgab, konnte er nach der französischen Revolution nicht mehr aufrechterhalten. Ab 1794 standen ihm jährlich nur mehr 20.000 Gulden zur Verfügung, während früher allein die Aufrechterhaltung seines Haushaltes das Dreifache verschlungen hatte. De Ligne kannte die Herrscher und Intellektuellen Europas, er diskutierte mit Maria Theresia und ihrem Sohn Joseph II., er korrespondierte mit Friedrich II., der Dubarry, Voltaire und Jean Jacques Rousseau, mit dem Weimarer Dichterfürsten Johann Wolfgang von Goethe, der ihn den „frohesten Mann des Jahrhunderts" nannte. Zahlreiche Reisen durch Europa hatten seinen Horizont erweitert. In 34 Bänden Memoiren schilderte er seine Erlebnisse und Erfahrungen mit den Großen seiner Zeit.

Der Prinz de Ligne war ein sehr beliebter Mann, der die Menschen für sich einnahm. Auguste Graf de La Garde, ein Beobachter des Wiener Kongresses, schreibt über ihn: „Der Prinz de Ligne stand damals in seinem achtzigsten Jahr; aber man kann sagen, dass er dem Alter zum Trotz jung geblieben war. Er hatte sich den liebenswürdigen Charakter, die leichte Originalität, die bezaubernden Manieren bewahrt, die seine Gesellschaft immer so reizvoll gemacht haben. Man nannte ihn auch einstimmig den ‚Veteran der europäischen Eleganz'."

De Ligne schrieb nicht nur über Politik und Gesellschaft, sondern auch über Gärten, etwa *Coup d'Oeil sur Beloeil* (Ein Blick auf Beloeil), ein Buch, das zur beliebten Lektüre seiner adeligen Standesgenossen gehörte. Er war ein leidenschaftlicher Gartenbesitzer und Gartengestalter, der auf seinem Stammschloss Beloeil im Hennegau, das seit dem 16. Jahrhundert im Familienbesitz war, einen prachtvollen Garten von etwa 35 Hektar in eher englischem Stil pflegte. Seine Anlage des Gartens blieb bis heute bestehen. De Lignes Vorliebe für die englische Gartengestaltung stand auch in engem Zusammenhang mit der Tatsache, dass er Freimaurer war und der Freimaurerloge „L`Heureuse Rencontre" (Glückliches Treffen) angehörte.

In Wien lebte De Ligne in seinem Haus auf der Mölkerbastei. Obwohl er 1808 seinen Besitz im Hennegau zurückerhielt, blieb er in Wien und überschrieb den Besitz auf seinen Sohn Ludwig. Der Wunsch nach einem Garten, nach einem Aufenthalt in der Natur aber war übermächtig. Deshalb erwarb er auf dem Kahlenberg ein ehemaliges Eremitenhäuschen des Camaldulenserklosters, das von Joseph II. 1782 aufgehoben worden war. Dorthin zog er sich zurück, um zu schreiben und seiner Gartenlust zu frönen, wobei er großen Wert auf einen schönen Panoramablick legte. Als er starb, konnte er seiner

Klassizistisch-schlicht: die Grabstätte der Familie de Ligne am Kahlenberger Friedhof.

Witwe fast nichts hinterlassen, sie musste eine Gnadenpension erhalten.

Legendär sind de Lignes treffliche Aussprüche und Bonmots zur politischen Lage und den politischen Akteuren im Allgemeinen, zum Wiener Kongress im Besonderen. So meinte er, es sei „... eine seltsame Sache, die man hier zum ersten Mal sieht: das Vergnügen erringt den Frieden.“ Oder : „Le congrès ne marche pas, il danse.“(Der Kongress geht nicht vorwärts, er tanzt.) Den preußischen König Friedrich Wilhelm III. bezeichnet er als eine *figur d'Arsenal*, also eigentlich einen Kommissknopf.

Neben De Ligne wurden seine Gattin Franziska, geborene Liechtenstein, die 1821 verstarb, und seine Enkelin Sidonie Gräfin Potocka in ebenfalls sehr schlichten klassizistischen Grabmälern beigesetzt.

Seit 1896 wird der kleine Privatfriedhof vom Orden der Resurrektionisten, einem Mönchsorden polnischer Herkunft, betreut. Deren Angehörige wurden ab 1906 in einem schlichten Gemeinschaftsgrab beerdigt. Die letzte Beisetzung erfolgte 1992, als Prälat Josef Ungar, Leiter der Caritas der Erzdiözese Wien und Präsident der Österreichischen Caritas, hier beerdigt wurde. Es war der persönliche Wunsch des Verstorbenen, an diesem von der Natur umwucherten Platz seine letzte Ruhe zu finden.

Statt Totengedenken gesichtsloser Park

Wiens aufgelassene Friedhöfe

HAYDN.
NATUS MDCCXXXII
OBIIT MDCCCIX.
NON OMNIS MO-RI-AR
D. D. D.
MDCCCXIV

Haydns Gedenkstein, an der Mauer des Haydnparks, ehemals Hundsturmer Friedhof.

Um die Mitte des 19. Jahrhunderts platzte Wien aus allen Nähten, die eigentliche Stadt lag eingeschnürt zwischen nicht mehr der Verteidigung dienlichen Mauern, die Vorstädte vor dem Glacis waren schon längst zu einem dichten Siedlungsgebiet zusammengewachsen. Die Stadterweiterung, zunächst durch die Schleifung der Stadtmauern auf Grund einer kaiserlichen Entschließung 1857, und die darauf folgende Anlage der prunkvollen Ringstraße waren nur ein erster Schritt. Dem folgte die Eingemeindung der Vorstädte, d. h. bis zum Linienwall, der heutigen Gürtelstraße. Schließlich wurden auch die außerhalb liegenden Vororte, die wegen ihres Arbeitskräftepotentials für die industrielle Entwicklung der Stadt von großer Bedeutung waren, in die Stadt und ihre Verwaltung einbezogen. Wien wurde dadurch eine Millionenstadt, die eine entsprechende Infrastruktur benötigte. Dies galt auch für die Friedhöfe. Durch die Anlage des Zentralfriedhofs, eine weitreichende städteplanerische Meisterleistung, was die Dimensionen betrifft, wurden manche der kleineren Friedhöfe, die im Bereich der Vororte nahe der Gürtellinie lagen, überflüssig. Viele von ihnen durften nach Eröffnung des Zentralfriedhofes nicht mehr benutzt werden. In den zwanziger Jahren des 20. Jahrhunderts wurden diese Friedhöfe in Parks umgewandelt, was durchaus in der zu würdigenden Absicht geschah, für die Bevölkerung der Außenbezirke, die in den sogenannten Zinskasernen lebte, erholsame Grünräume zu schaffen. Damit gingen aber wichtige kulturgeschichtliche Bezüge der Stadt teilweise verloren, vielfach wurde vergessen, dass ein inzwischen recht lauschiger Park einst ein Totenacker gewesen war. Manche dieser Parkanlagen haben etwas von der Stimmung des einstigen Friedhofes bewahrt, einige sind jedoch zu gesichtslosen Freizeitanlagen verkommen.

Einer dieser aufgelassenen Friedhöfe ist der Hundsturmer Friedhof, etwa auf der Höhe des Reumannhofes am Gaudenzdorfer Gürtel gelegen. Wahrscheinlich der prominenteste Verstorbene am Hundsturmer Friedhof war der Komponist Joseph Haydn, der nach einer feierlichen Beisetzung, eben einer „schönen Leich", dort seine letzte Ruhe finden wollte. Doch von Ruhe war bei Haydn keine Rede.

Haydn wohnte seit 1797 in der heutigen Haydngasse auf Nummer 19 – damals hieß sie noch Kleine Steingasse – in einem eigenen Haus in einer „einsam stillen Lage". Zuvor hatte er seine streitsüchtige Frau, mit der er kein Auskommen fand, nach Baden abgeschoben. Haydn verbrachte seine letzten Lebensjahre mit seinem treuen Diener Johann Florian Elßler, dem Vater der weltberühmten Tänzerin Fanny Elßler, mit einer Köchin, seiner Nichte und einem Papagei. In diesem Refugium eines Hagestolzes entstanden Haydns große Oratorien wie *Die Jahreszeiten* und *Die Schöpfung*.

Als Haydn 1809 hochbetagt in Wien starb, stellte der Franzosenkaiser Napoleon I., der seit Mai in Wien residierte, vor Haydns Sterbehaus eine Ehrenwache auf. Napoleon gehörte zu den vielen Bewunderern des großen Komponisten. Nach Haydns Tod nahm ihm sein Diener Elßler die Totenmaske ab, danach wurde der Leichnam in der Gumpendorfer Pfarrkirche feierlich eingesegnet und dreimal um das Gotteshaus getragen. Schließlich formierte sich ein Trauerzug, dem sich auch französische Offiziere anschlossen. Seltsamerweise fanden sich nur sehr wenige Vertreter der Wiener Musikwelt ein, „... nicht ein Kapellmeister von ganz Wien“ erwies ihm die letzte Ehre. Die Beisetzung erfolgte auf dem seit 1784 auf Anordnung von Kaiser Joseph II. vor der Linie angelegten Hundsturmer Friedhof. Am 2. Juni wurde für Haydn ein Requiem in der Gumpendorfer Pfarrkirche gehalten, am 15. Juni fand ein Trauergottesdienst mit Mozarts Requiem in der Schottenkirche statt.

Doch zu diesem Zeitpunkt war Haydns Totenruhe schon längst gestört, denn am 4. Juni schlichen sich nachts vier Männer auf den Hundsturmer Friedhof und öffneten Haydns Grab, das sich nahe der heutigen Koflergasse befand. Zuvor hatten sie den Totengräber bestochen, damit sie nicht verraten würden. Die vier Grabschänder waren honorige Herren mit einem seltsamen wissenschaftlichen Hobby: Der Leiter der fiskalischen Unschlittschmelze namens Johann Nepomuk Peter, der ehemalige fürstlich Esterházy'sche Sekretär und Ehemann der Opernsängerin Theresia Gassmann, Josef Karl Rosenbaum, der Taxator (= Magistratsbeamter) Michael Jungmann und der erste Amtsoffizier im Unterkammeramt der Stadt Wien, Ignatz Ullmann, waren Anhänger der Phrenologie und Kranioskopie, einer etwas obskuren und bizarren Gehirnwissenschaft, die zu Anfang des 19. Jahrhunderts von Franz Joseph Gall vertreten wurde und sich großer Beliebtheit erfreute. Gall behauptete, an der Schädelform und deren Maßen die Geistesgröße und den Charakter des Inhabers feststellen zu können. Galls Vorlesungen wurden 1801 in Wien verboten. Jedenfalls gruben die vier Adepten Galls den Sarg aus, öffneten ihn und enthaupteten den Leichnam Haydns, um sich seines Schädels zu bemächtigen. Rosenbaum brachte hierauf den Schädel zu einem Arzt, der ihn „anatomieren und mazerieren“ (dabei wird das Gewebe durch eine Flüssigkeit vom Knochen gelöst) sollte. Nach diesem Vorgang wurde der Schädel, das Kranium, vermessen und schließlich in einem hölzernen Gehäuse, das die Form eines römischen Sarkophags hatte und mit einer goldenen Lyra geschmückt war, aufbewahrt. Zunächst blieb dieses Behältnis bei Peter, dann gelangte es wieder zu Rosenbaum, der das Kranium in einem Mausoleum beisetzen wollte.

Fürst Nikolaus II. Esterházy, der große Förderer Haydns, wollte seinen Hauskompositeur in einer eigens errichteten Kapelle in Eisenstadt beisetzen, doch die Napoleonischen Kriege sorgten für eine Verzögerung. Der für Haydn bereitgestellte Sarkophag stand zum Ärger des Esterházy'schen Verwalters jahrelang herum.

1814 ließ der Schwager und Schüler Haydns, Sigismund Ritter von Neukomm, am Hundsturmer Friedhof einen einfachen Grabstein errichten. Niemand wusste, was inzwischen mit Haydns Grab geschehen war.
1820 besuchte Alfred Friedrich Herzog von Cambridge Eisenstadt und brachte bei einem Souper auf den in England sehr verehrten Joseph Haydn einen Toast aus. Bei dieser Gelegenheit erinnerte sich Fürst Esterházy an den Sarkophag und leitete eine Überführung Haydns in die Eisenstädter Bergkirche in die Wege. Dazu wurde am 31. Oktober dieses Jahres der Sarg auf dem Hundsturmer Friedhof gehoben. Der Schreck war nicht gering, als man den kopflosen Leichnam und nur eine Perücke im Sarg fand. Polizeipräsident Josef Sedlnitzky, ein gefürchteter Mann, setzte alle seine Spione auf die Spur und fand auch heraus, wo sich das Kranium befand. Gegen eine beachtliche Summe schien Rosenbaum zur Herausgabe bereit, trickste aber wiederum und legte ein anderes Kranium in die Kassette, das allerdings ein Arzt bald als Fälschung, weil von einem viel jüngeren Mann stammend, entlarvte. Jetzt rückte Rosenbaum einen älteren Schädel, aber nicht das Original heraus. Er vererbte den richtigen Schädel an Peter und nach dessen Tod befand er sich im Besitz von dessen Witwe. Dieser war die Sache nicht geheuer und sie übergab den Schädel Haydns an ihren Hausarzt. Über weitere Umwege gelangte das Kranium 1852 in den Besitz des berühmten Anatomen Karl Freiherr von Rokitansky, der es schließlich der Gesellschaft der Musikfreunde übergab. Im Haydngrab in Eisenstadt ruhte inzwischen ein unbekannter Kopf. Versuche, Corpus, d. h. die Überreste Haydns, und Kranium zu vereinen, scheiterten mehrmals an der testamentarischen Verfügung. Inzwischen hatte 1909 der Arzt und Politiker Julius Tandler das Kranium als echt diagnostiziert. Aber erst 1954, nach einem Verzicht der Gesellschaft der Musikfreunde, wurden Schädel und Körper wieder vereint. Begleitet von einer Polizeistafette, brachte die Wiener Städtische Bestattung wie in einem Staatsakt den Schädel nach Eisenstadt. Joseph Haydn erhielt noch einmal eine „schöne Leich", der Krimi um seinen Schädel fand ein Ende und Haydn wirklich seine letzte Ruhe.
Der Hundsturmer Friedhof erlebte noch 1848 eine stürmische Phase, als anlässlich der Rückeroberung des revolutionären Wiens durch die Truppen des Feldmarschalls Alfred Fürst zu Windisch-Graetz auch am Friedhof erbitterte Kämpfe stattfanden. 1874 wurde der Friedhof geschlossen, d. h. es durften keine Beisetzungen mehr stattfinden. Nach dem Ersten Weltkrieg wurde er schließlich 1926 in den heutigen Haydn-Park entlang dem äußeren Gürtel umgewandelt. Haydns Grabstein wurde nahe dem alten Begräbnisplatz in die Parkmauer eingelassen.

Der ehemalige Währinger Ortsfriedhof wurde 1923 ebenfalls in einen Park umgewandelt. Nach einem der Prominenten, die hier beigesetzt waren, nannte man diesen eher gesichtslosen Park „Schubertpark".

Das Eingangstor zum Schubertpark.

Rechte Seite: Gedenkstein für Ludwig van Beethoven.

Etwa 40 der schönsten Grabdenkmäler, u. a. die Schuberts und Beethovens, wurden in einer Art Gräberhain aufgestellt. Die sterblichen Überreste von Beethoven und Schubert fanden in einem Ehrengrab am Zentralfriedhof die letzte Ruhe. Bereits 1827 war Beethoven nach einer feierlichen Einsegnung in der Pfarrkirche zur Allerheiligsten Dreifaltigkeit in der Alser Straße, begleitet von einem Trauerzug von Tausenden Menschen, auf dem Währinger Ortsfriedhof beerdigt worden. Sogar die Schulen waren an diesem Tag geschlossen geblieben. Die von Franz Grillparzer eilig am Vorabend des Begräbnisses verfasste Trauerrede, die die allgemeine Erschütterung über Beethovens Tod erahnen lässt, trug der Schauspieler Heinrich Anschütz vor. Die letzten Sätze lauteten:

„Ihr aber, die ihr unserem Geleite gefolget bis hierher, gebietet eurem Schmerz, denn kein niederdrückendes, ein erhebendes Gefühl ist es, zu stehen an der Ruhestätte des Mannes, der so Großes geleistet und an dem kein Arges war. Nehmt von hier, für alle kommenden Zeiten, eine Blume von seinem Grabe – das Andenken an ihn und sein Wirken. Und wenn auch je, wie der kommende Sturm, die Gewalt seiner Schöpfungen übermannt, oder wenn ihr in trüben Stunden zweifelt an des Guten und Schönen aufrichtigem Bund, so denkt an ihn, der so Großes geleistet und an dem kein Arges war."

Unter den Trauergästen befand sich auch Franz Schubert, der dem großen Vorbild ein Jahr später in den Tod folgte. Adolf Bäuerles legendä-

Beethoven.

„Die Tonkunst begrub hier einen reichen Besitz, aber noch viel schönere Hoffnungen": Kenotaph für Franz Schubert im Schubertpark.

re Theaterzeitung brachte einen ausführlichen Bericht über Beethovens Beisetzung und druckte auch eine Reihe von Trauergedichten ab. Schubert, der im Alter von nur 31 Jahren an Typhus starb, hatte sich gewünscht, neben Beethoven begraben zu werden. Die Abschiedsrede für ihn hielt der Maler Moritz von Schwind, ein enger Freund des Komponisten: „Ich habe um ihn geweint, wie um einen meiner Brüder, jetzt aber gönn ich's ihm, dass er in seiner Größe gestorben ist und seines Kummers los ist … Schubert ist tot und mit ihm das heiterste und schönste, das wir hatten." Seinen Grabstein entwarf sein Freund Franz Schober, der Text der Inschrift stammt von Grillparzer: „Die Tonkunst begrub hier einen reichen Besitz, aber noch viel schönere Hoffnungen."

Grillparzer wurde 1872 ebenfalls am Währinger Friedhof zu Grabe getragen, doch sein Lebensmensch Kathi Fröhlich ließ ihn auf den Hietzinger Friedhof überführen.

1844 war Goethes Enkelin Alma, die ebenfalls an Typhus verstorben war, in Währing zur letzten Ruhe bestattet worden, 1885, als der Friedhof nicht mehr belegt werden durfte, erfolgte ihre Überführung nach Weimar.

Der heute ziemlich trostlose Märzpark vor der Stadthalle war bis 1873 der Schmelzer Friedhof, 1905 wurde er gesperrt und 1928 in den Märzpark umgewandelt. Es waren nicht viele Prominente, die hier zur letzten Ruhe gebettet wurden, wie etwa der Arzt Ignaz Philipp Semmelweiß, der die Ursache des gefürchteten Kindbettfiebers erkannte, oder Ignaz Bösendorfer, der legendäre Wiener Klavierbauer, und schließlich Johann Hofer, Edler von Passeyer, der Sohn des Tiroler Freiheitshelden Andreas Hofer, der es immerhin zum Großgrundbesitzer und Tabak-Hauptverleger gebracht hatte. Außerdem ruhten hier die sogenannten „Märzgefallenen", 37 Tote der Revolution von 1848, deren Namen auf einem 1864 errichteten Obelisk verzeichnet wurden. Dieser wurde 1888 samt den sterblichen Überresten auf den Zentralfriedhof überführt.

Auch der Währinger Allgemeine Friedhof, zwischen Gymnasiumstraße und Semperstraße gelegen, erlitt das Schicksal einer Umwandlung in einen Park. Die Grabstätten waren wohl kunstgeschichtlich nicht sehr bedeutend, historisch allerdings waren sie von großem Interesse. Am Währinger Friedhof war etwa Emanuel Schikaneder begraben, der geniale Theaterprinzipal, der das Libretto zu Mozarts *Zauberflöte* verfasst und 1791 deren Uraufführung im Freihaustheater auf der Wieden herausgebracht hatte. 1801 ließ er mit dem immensen Gewinn aus den Aufführungen der *Zauberflöte* am linken Ufer des Wienflusses das noch heute bestehende bedeutende Theater an der Wien errichten. Schikaneder war ein Mann der Extreme – der Wiener Historiker und Literat Siegfried Weyr nennt ihn eine „Balzac'sche Figur" –, er brachte es zu beachtlichem Reichtum, verprasste aber genauso leichsinnig das Geld für Diners und lockere Mädchen. Beim Staatsbankrott 1811 verlor er sein ganzes Vermögen, u. a. das sogenannte Schikanederschlössl im 19. Bezirk, das Franz Lehár ab 1930 bewohnte. Schikaneder büßte ob der finanziellen Katastrophe den Verstand ein und verstarb 1812 völlig verarmt.
Auf dem Währinger Friedhof waren auch seinerzeit in größter Heimlichkeit die Hauptverantwortlichen der Oktoberrevolution des Jahres 1848 begraben worden. Sie waren nach der Eroberung Wiens durch Fürst Alfred zu Windisch-Graetz in einem Schnellverfahren zum Tode verurteilt und schließlich im Stadtgraben erschossen worden. Die vier Männer, Cäsar Wenzel Messenhauser, der Musikkritiker und Publizist Alfred Becher, der Offizier und Schriftsteller Hermann Jellinek und der aus Deutschland stammende Politiker Robert Blum, waren Idealisten, Journalisten und Liberale, sicherlich keine aufrührerischen Revolutionäre. Der 1812 geborene Messenhauser war der Sohn eines Tschinellenschlägers im k. k. Linieninfanterieregiment Nr. 1, bitterarme Leute, die den Knaben ins Soldatenknabenerziehungshaus steckten, wo er 1829 assentiert, aber wegen körperlicher Schwäche Gehilfe des Rechnungsoffiziers wurde. Der junge Mann war bildungsbeflissen und hat sich im Laufe der Jahre eine beachtliche Bildung zusammengeschmökert. Dank einer ausgezeichneten Beschreibung zum Fähnrich beför-

Spätbarocke Kreuzigungsgruppe im Währinger Schubertpark, laut Inschrift die ehemalige Grabstätte des k. k. Hofjuweliers Josef Friedrich Schwab und seiner Familie.

dert, landete er mit 27 Jahren bei den Deutschmeistern in Wien. Hier fand er durch die Kaffeehäuser Anschluss an liberale Literatenklubs und schrieb kleine Geschichten und Dramen. Eines davon wurde sogar im Burgtheater aufgeführt. In seinem Regiment war er ein beliebter und geachteter Kamerad. Über verschiedene Stationierungen landete er schließlich 1848 in der Lemberger Märzrevolution. Begeistert stürzte er sich in die neue Entwicklung, hielt Reden und engagierte sich mit Leib und Seele. Er wurde nach Wien geschickt, wo er den Dienst quittierte, um sich ganz der Politik zu widmen. Er kümmerte sich um die Ausbildung der Nationalgarde und wurde schließlich im Oktober 1848, als die Situation bereits brenzlig war, deren Kommandant. Während der Belagerung schrieb Messenhauser eine Flut von Proklamationen, er organisierte die Verteidigung und stattete Flüchtlinge mit seinem letzten Geld aus. Nach der Einnahme der Stadt konnte er sich wenige Tage verbergen, doch am 6. November stellte er sich. Nach einem Standrechtsverfahren und sofortigem Todesurteil kommandierte er selbst das Hinrichtungspeleton im Stadtgraben beim Fischertor. Er war ein idealistischer Aufsteiger, der im Grunde zum Bauernopfer wurde. 1924 erhielten Messenhauser und seine Schicksalskollegen ein Denkmal im Währinger Park, ihre richtige Grabstätte war ja nicht auffindbar.
Erwähnenswert wäre noch, dass auch Theodor Graf Baillet de Latour, Kriegsminister des Jahres 1848 und Opfer der Lynchjustiz der aufgebrachten Massen im Oktober 1848, in Währing seine letzte Ruhestätte

fand. Seinen beschämenden Tod – er wurde nackt auf einer Straßenlaterne aufgeknüpft – mag ein Gedicht verursacht haben, das zwei Tage zuvor im *Studentencourier* erschienen war:

Sie lernen nichts, sie lernen nichts, die Herrn Hochwohlgeboren!
Vergeblich schmettert des Gerichts Posaune ihren Ohren:
Daß golden nur aus schwarzer Nacht das Morgenrot der Freiheit
lacht nach blutig schweren Wehen.
Sie mögen's nicht verstehen!
Weil denn die Herrn von bess'rem Blut die neue Zeit nicht lernen,
So hängt die Herren kurz und gut hoch, hoch an die Laternen!

Auch der Publizist und enge Mitarbeiter von Staatskanzler Clemens Metternich, Friedrich von Gentz, Gönner und Liebhaber der beliebten Tänzerin Fanny Elßler, ruhte in einem Grab am Währinger Friedhof.

Ein etwas stimmungsvollerer Park ist aus dem ehemaligen Matzleinsdorfer Friedhof, zwischen der heutigen Landgutgasse und Dampfgasse im 10. Bezirk gelegen, geworden. Schon 1679, im katastrophalen Pestjahr, war hier eine Begräbnisstätte für die eilig verscharrten Pesttoten. Im 18. und 19. Jahrhundert wurden zahlreiche prominente Künstler auf diesem Friedhof beigesetzt, etwa die Maler Heinrich Füger, Karl Ruß und Johann Nepomuk Ender sowie Johann Peter Krafft und Johann Matthias Ranftl. Bei Auflassung des Friedhofs in den zwanziger Jahren des 20. Jahrhunderts wurden manche dieser Prominenten in ein Ehrengrab auf dem Zentralfriedhof überführt, Grabdenkmäler von künstlerischer oder kulturhistorischer Bedeutung blieben in dem neuen Park, der nach Ferdinand Waldmüller, der auch auf diesem Friedhof seine letzte Ruhestätte gefunden hatte, benannt wurde.

Für die Ewigkeit

Jüdische Friedhöfe in Wien

תפד"ל
שמשון בכחו נתעלה
עליי' זו לגבוה סליק ונחית כבר א'
אמוראי בים התלמוד גדול
שהביא לידי מעשה רב דלית' קמן שדינן נופו בתר עיקרו עקר טורא
מתור הזהב זהב טב מטובו הטיב לאחרים מאי אחר מופלג
מפלגא דלעילא עילאה גברו גבור הנאמר בשמשון ואב שלום
בשערו קול היינו בניית בונה וסות' הנסתרות והנגלו' גיל לדרעא ונפל נהורא
שהנהיר עיני חכמי' בהלכה הלך ילך ובכו על האי שופרא דבלי בארע'
ויתיבי בשמי'. שומו על זאת העיר של זהב דהב' פריכ' פרח בכולו
טהור טהו' יקרא קראו צו' החמש חומש מלבר בר ומזו' מיזן זי' עלי' וכאן ספרו
ומנו חכמים חכמת הסופרי' תזרח ובא השמש שלא בעונתו לו יגרע גורע
ומותיב. ומפרק עול מלכות דארע' וקבע עתים לתורה היא אמת להאי
גבר' תפסי' תפיס יד כול' משמש שימשא רבה דעסק בג"ח ובתורה הטהורה
גשמתו נשמה קרוי' נר ישראל עושה חיל חילו לאוריית' תקיף לת"ח ברכה
ברוך יאמר לעומתו אומה גדול שגדול בח"ל ונופו לארץ נטע בנטיע' בית
רבי יתקרי ה"ה הרב הגדול המפורסם אשר כסאו הית' מוטל' בין גדולים
ושהי' סרים למשמעתו אנשי העיר וכמה קהלות ומדינו' בח"ל וק' חברון וצפת
תבנה ותכונן במהרה. נולד יו' א' י"ג שבט תי"ח ל ובא לכא' ווין יו' א' כ"ה כסליו תמ"ה ל
והי' הולך וגדול בעושר ובתקיפו' עפ"י רוב חכמתו עד יו' א' ט"ב מנחם תפ"ד ל"ק
הלך לעולמו של יובל שי לו הוי הכי קראו לי' רבי שמשון בן הישיש הזקן הר"ר
יוסף יוזלן ווירטהיי' ז"ל מק' ווירמייש' שהניח אחריו ברכה ברכות הנהנין להנות
מהם עניי קרוביו עד עשרה דרי דור ודורשי' וחכמי' אליו בעשר הוראה מורה

Jüdische Friedhöfe sind wie alle anderen Friedhöfe geweihte Orte, doch sie sind für die Ewigkeit angelegt, denn die „Dahingegangenen“ beziehungsweise „Verborgenen“ ruhen „für ewige Zeiten“. Nach jüdischer Auffassung haben Tote Rechtspersönlichkeit, die Grabstätte ist ihr persönliches Eigentum. Denn Tod und Leben sind gleichwertige Teile des göttlichen Planes und damit eine Einheit. Das bedeutet, dass ein Friedhof niemals aufgegeben werden darf. Die künftigen Generationen haben die Verpflichtung, den Friedhof zu bewahren und zu pflegen. Friedhöfe sind auch Zeugnis für die Leistungen der Verstorbenen.

Ruhestätte für ewige Zeiten: Grabmal auf dem jüdischen Friedhof in der Seegasse.

Trotzdem wurden immer wieder jüdische Friedhöfe zerstört, vor allem nach Vertreibungen. Der Holocaust des 20. Jahrhunderts hat alle bisherigen Vertreibungen übertroffen und alle Vorkehrungen umgestürzt. Sechs Millionen Tote haben kein eigenes Grab bekommen. Auch künftige Generationen können nicht für alle diese Toten „einen Stein setzen“.

Besucher eines jüdischen Friedhofes wird vielleicht die Kargheit überraschen, auf keinem Grab sind Blumen zu finden, höchstens kleine Steine als Zeichen der Verbundenheit. Die Erklärung für das völlige Fehlen von Blumen ist vielleicht darin zu finden, dass nichts Lebendiges in den Tod hinübergetragen werden soll.

In Wien gab es den ältesten jüdischen Friedhof vor dem Kärntnertor, etwa im Bereich des heutigen Opernringes. Erwähnung fand er in der Judenordnung Kaiser Friedrichs II. aus dem Jahr 1244. Eine Zäsur in der jüdischen Geschichte der Stadt gab es 1421, als Herzog Albrecht V. die Juden Wiens grausam verfolgen und im Zuge der Wiener Geserah 210 Juden, die sich nicht taufen lassen wollten, auf der Gänseweid in Erdberg verbrennen ließ. Der Vorwurf der Hostienschändung war sicherlich nur vorgeschoben, plausibler ist, dass die Juden angeblich mit den Hussiten, den erklärten Feinden des Herzogs, Kontakt hatten. Reiche Juden folterte man, um sie zur Preisgabe ihres Vermögens zu veranlassen, die Armen vertrieb man aus der Stadt. Der verwaiste jüdische Friedhof wurde aufgelassen, die Grabsteine als Baumaterial verwendet. Noch bis ins 20. Jahrhundert wurden Relikte dieses Friedhofs gefunden.

Nachdem Juden wieder die Ansiedlung in Wien gestattet worden war, entstand auch ein neuer Friedhof. Unklar ist, wann dieser heute noch in der Seegasse bestehende Friedhof geweiht wurde. Jedenfalls stammt der älteste noch zuordenbare Stein aus dem Jahr 1540.

Doch die Wiener Geserah sollte nicht die letzte Vertreibung gewesen sein, 1669 befahl Kaiser Leopold I., wohl unter dem Einfluss seiner spanischen Ehefrau, den Juden, die Stadt bis Fronleichnam 1671 zu verlassen. Damals schloss die jüdische Gemeinde mit der Stadt Wien einen Vertrag, der übrigens noch Gültigkeit besitzt. Eine Abschrift des Vertrages ist vorhanden. Die Brüder Isak und Koppel Levi Fränkl bezahl-

Von Häusern umgeben: der jüdische Friedhof in der Seegasse.

ten 4000 Gulden, damit der Friedhof in der Seegasse erhalten blieb. Ob die beiden Brüder Fränkl diese Transaktion allein finanzierten oder die gesamte Gemeinde, ist nicht bekannt.

Schon 1696 lebten wieder jüdische Familien in Wien, u. a. der Hoffaktor Samuel Oppenheim, der sowohl für Kaiser Leopold I. als auch für Prinz Eugen zahlreiche Finanzgeschäfte europaweit abwickelte. Er erwarb von der Familie Fränkl den Friedhof Seegasse und hob auch bei Beerdigungen entsprechende Taxen ein. Als er 1703 verstarb, wurde er in der Seegasse beigesetzt. In der Folge wurden zahlreiche Mitglieder prominenter jüdischer Familien in der Seegasse zur letzten Ruhe gebettet, wie die Arnstein und Eskeles, die nicht nur als Financiers, sondern auch als Mäzene sich einen Namen gemacht hatten.

Nach Erlassung des Toleranzpatents durch Kaiser Joseph II. im Jahre 1782 wurde einerseits die Belegung des Friedhofs verboten, andererseits die Anlage eines neuen Beisetzungsortes, nämlich des Währinger Friedhofs, gestattet. Kaiser Joseph II. ordnete 1784 den Schutz des Friedhofs in der Seegasse, dem ein Kranken- und Siechenhaus vorgelagert war, an.

Um die Mitte des 19. Jahrhunderts wurde der Friedhof generalsaniert, umgefallene oder eingesunkene Grabsteine wurden aufgerichtet, gereinigt und die Inschriften wieder leserlich gemacht. Kurz danach wurde erstmals eine schriftliche Aufzeichnung über alle Grabsteine vorgenommen.

Der „Stein mit dem Fisch“, vermutlich der Rest eines Brunnens.

Dass der Friedhof die NS-Zeit zu einem Großteil überstand, ist dem wissenschaftlichen Eifer eines Mannes, nämlich Dr. Bernhard Wachsteins, und dem beispiellosen Einsatz der wenigen Überlebenden der Wiener Judengemeinde während des Zweiten Weltkrieges zu danken. Dr. Wachstein hatte noch vor dem Ersten Weltkrieg eine ausführliche Dokumentation über alle Grabsteine des Friedhofes verfasst. Er hielt alle Namen und Geschichten der Familien, soweit bekannt, sowie genealogische Informationen zu den „Verborgenen“ fest. Dr. Wachstein diente übrigens als Vorbild für Kien in Elias Canettis Roman *Die Blendung*.
Kenner der kulturhistorischen Bedeutung des jüdischen Friedhofs in der Seegasse konnten nach 1938 lange seine Vernichtung verhindern. 1941 beschloss der Wiener Magistrat unter dem NS-Bürgermeister Philipp Wilhelm Jung, die jüdischen Friedhöfe aufzulassen. 1943 schließlich drohte die Schleifung für den Friedhof in der Seegasse. In dieser Situation gelang es den ausgehungerten und ausgepowerten Wiener Juden, einen Teil der Grabsteine, immerhin 818 Stück, aus der Seegasse wegzubringen und sie in aller Pietät in einem Massengrab auf dem Zentralfriedhof zu beerdigen. Wie dieser Transport vor sich gegangen war, wer etwa die dafür nötigen Lastwagen zur Verfügung gestellt hatte, ist nicht dokumentiert. Es muss eine ungeheuere Anstrengung gewesen sein, die Grabsteine zu retten.
Jahre nach dem Krieg wurde der Hügel auf dem Zentralfriedhof abgetragen und die Grabsteine wurden wieder auf ihren ursprünglichen

Platz, jeder auf einem Sockel, zurückgebracht. Wachsteins Verzeichnis war dabei ein wichtiger Wegweiser. 1984 wurde der Friedhof wieder geweiht.
Dass in der Seegasse auch ein Fisch begraben gewesen wäre, ist allerdings eine Legende. Denn der Stein mit dem Fisch – er befindet sich in der Nähe des Einganges – dürfte der Oberteil eines Brunnens gewesen sein. Gläubige Juden sind ja dazu verpflichtet, nach dem Verlassen des Friedhofes die Hände zu waschen.

Der Währinger Friedhof, quasi als Nachfolger des Friedhofs in der Seegasse angelegt, wurde zwischen 1794 und 1879 belegt. Dieser ebenfalls noch vorhandene, kulturgeschichtlich überaus bedeutsame Friedhof befindet sich derzeit in einem deplorablen Zustand, viele Grabsteine sind eingesunken, die Inschriften unleserlich, die Natur ist drauf und dran, alles zu überwuchern. Schwere Stürme haben Bäume und Grabsteine wie Dominosteine umgeweht.
Auch der Währinger Friedhof war in der NS-Zeit schwer bedroht. Zunächst konnte man ihn mit dem Argument, dass er ein schützenswertes Vogelparadies wäre, noch erhalten. Im Sommer 1942 wurde jedoch ein Teil planiert, nachdem die Überreste der Bestatteten ins Naturhistorische Museum gebracht worden waren, wo sie pseudowissenschaftlichen Zwecken dienen sollten. Dem NS-Regime ergebene Wissenschaftler hätten beweisen sollen, dass die Knochen jüdischer Menschen immer dünner werden. Glücklicherweise hat der Krieg diesen pietätlosen Unsinn verhindert. Die 222 Pappkartons wurden nach dem Krieg der Kultusgemeinde übergeben und auf dem Zentralfriedhof beim 4. Tor beerdigt.
Das eingeebnete Areal wurde während des Krieges ein Löschwasserteich, nach dem Krieg wurde an dieser Stelle ein kommunaler Wohnbau, der Arthur-Schnitzler-Hof, errichtet.
Seit mehr als einem Jahrzehnt wird an einer Dokumentation über den Währinger Friedhof, der wegen seines bedauerlichen Zustandes nur ganz selten mit speziellen Führungen besucht werden darf, gearbeitet. Erleichtert wurde dieses Vorhaben, als man in Israel zufällig Abschriften der Grabinschriften fand. Mit diesem Verzeichnis sind wichtige Aufschlüsse über die Zusammensetzung der jüdischen Bevölkerung Wiens im 19. Jahrhundert zu gewinnen, etwa darüber, in welche jüdischen Gruppen sie sich gliederte, wie intensiv aufgrund der wirtschaftlichen Blüte der Gründerzeit der Assimilationsdruck war. Auf dem Währinger Friedhof weisen noch viele Grabsteine in ihrer Symbolik auf Priesterfamilien *(Kohanims)* hin, aber auch die Gruppe der sephardischen Gräber mit ihren deutlich orientalischen Schmuckelementen gibt Auskunft über die soziale Gliederung der Wiener Judengemeinde. Die Grüfte der Gründerzeit sind repräsentativ und opulent, aber auch innovativ, wie die Entrepreneurs dieser Epoche. Man beschäftigte jun-

ge, moderne Architekten, die den sozialen Aufstieg auch durch die Prachtentfaltung und Geschmackskultur der Grabstätten dokumentieren sollten. Die Vertreter der modernen Industriegesellschaft, des Eisenbahnbaues, die Pioniere der Textilindustrie wurden durch großzügige Grabbauten dem Vergessen entrissen. Viele dieser Grabsteine weisen deutsche Inschriften auf, je höher der Grad der Assimilationsbereitschaft war, desto seltener finden sich hebräische Inschriften. Das Spannungsfeld zwischen traditionsbewusstem Judentum und erfolgsorientierten, an die Mehrheitsgesellschaft angepassten jüdischen Bürgern der k. k. Reichshälfte ist klar erkennbar.

Glücklicherweise in sehr gutem Zustand blieb der jüdische Teil des Döblinger Friedhofs erhalten. Es ist dies der Nobelfriedhof des assimilierten Wiener Judentums, höchst repräsentativ und teils prunkvoll gestaltet. Bedeutende Architekten errichteten die Grüfte, wie etwa jene der Ottakringer Bierbrauerfamilie Kuffner. Manche Grabsteine weisen einen plastischen Grabschmuck auf, was sonst im Bereich der jüdischen Friedhöfe eher unüblich ist. Hier wurden die Bankiers und Finanziers der Gründerzeit beigesetzt, wie Moritz Todesco, Leopold Lieben oder Leopold Wertheimstein, der Ehemann der berühmten Salondame und Förderin des Dichters Ferdinand von Saar, Josephine Wertheimstein. Die Wissenschaftler Theodor Gomperz und Emil Zuckerkandl fanden hier ihre letzte Ruhestätte.
Das historisch bedeutendste Grab allerdings ist inzwischen nur mehr ein Kenotaph, nämlich jenes der Familie Herzl. Hier wurde 1904 Theodor Herzl, der Begründer des Zionismus, unter Anteilnahme von tausenden Trauergästen beigesetzt, allerdings mit der Auflage, sollte je seine Vision von einem selbstständigen jüdischen Staat Wirklichkeit werden, so wolle er dort begraben werden. Da er von der Realisierung seines Traumes zutiefst überzeugt war, ließ er sich vorsorglich in einem Metallsarg beisetzen. Deshalb wurden wenige Wochen nach der Gründung des Staates Israel seine Überreste und die seiner Familie exhumiert. Am 10. August hatte die Knesseth, das neue israelische Parlament, ein entsprechendes Gesetz verabschiedet, bereits vier Tage später folgte die Überführung Herzls. Die Hebung seines Sarges wurde unter dem Schutz der amerikanischen Militärpolizei durchgeführt, welche die drei Metallsärge – Herzl und seine Eltern – in die Synagoge in der Seitenstettengasse brachte. Dort war inzwischen der Sarg seiner in Budapest verstorbenen Schwester eingelangt. Am 14. August 1949 hielten ab 13.00 Uhr Veteranen der zionistischen Bewegung die Ehrenwache an den Särgen, während Tausende daran vorbeizogen. Gleichzeitig fand im Wiener Konzerthaus eine Abschiedskundgebung statt. Das offizielle Österreich war durch die Regierungsmitglieder Dr. Ernst Kolb und Dr. Georg Zimmermann vertreten, die Stadt Wien durch Bürgermeister Theodor Körner. Anschließend wurden die vier Särge nach

הערצל
JACOB HERZL
GEB. 14. APRIL 1835
GEST. 9. JUNI 1902.
JEANETTE HERZL
GEB. 28. JULI 1836
GEST. 20. FEBRUAR 1911
DR THEODOR HERZL
SOHN
VON JACOB UND JEANNETTE HERZL
GEB. 7. MAI 1860
GEST. 3. JULI 1904.
פ נ
הר״ר בנימין זאב הערצל ז״ל
נולד ביום ב׳ ט״ו אייר שנת תר״ך לפ״ק
ונפטר ביום א׳ כ׳ תמוז שנת תרס״ד לפ״ק
ת נ צ ב ה
IN DIESEM GRABE WURDE AM 3. JULI 1904
DR THEODOR HERZL
ZUR LETZTEN RUHE BESTATTET.
IN DEM GLEICHEN GRABE RUHTEN SEINE ELTERN
JACOB UND JEANETTE HERZL
AM 14. AUGUST 1949 WURDEN DIE STERBLICHEN
ÜBERRESTE DR HERZLS UND SEINER ELTERN EXHUMIERT
UND, DEM WUNSCHE DR HERZLS ENSPRECHEND,
NACH ISRAEL ÜBERFÜHRT.

Langenlebarn zum amerikanischen Militärflughafen gebracht, wo um 21.30 Uhr ein Flugzeug der israelischen Fluglinie El Al namens „Herzl" landete. Unter völliger Geheimhaltung fand noch ein Festakt am Flughafen statt. Dort erfolgte die Übergabe an Vertreter aller israelischen Waffengattungen. Abgesandte der Hagana trugen die Särge ins Flugzeug.

Kenotaph der Familie Herzl auf dem jüdischen Teil des Währinger Friedhofs.

Als 1863 die Planungen für den in Simmering projektierten zentralen Friedhof der Stadt Wien begannen, wollte die Kultusgemeinde einen Teil des Areals käuflich erwerben. 1874 einigte sie sich mit der Gemeinde Wien auf eine Pacht auf Friedhofsdauer. Die Größe des Areals für den jüdischen Teil wurde damals aufgrund der Bevölkerungsstatistik ermittelt. Der jüdische Teil des Zentralfriedhofes wurde ab 1879 belegt. Im Jahr 1941 kündigte die Gemeinde Wien den seinerzeit geschlossenen Vertrag. Schon im November 1938 war im Zuge der sogenannten „Reichskristallnacht" die Zeremonienhalle gesprengt worden. Ansonsten blieb der Friedhof während des NS-Regimes von weitgehenden Zerstörungen verschont, erlitt aber einige Bombentreffer in der Endphase des Krieges. 1955 wurde neuerlich zwischen der Israelitischen Kultusgemeinde und der Gemeinde Wien ein Vertrag über die Erhaltung des Friedhofs geschlossen.

In den Nachkriegsjahrzehnten war es der klein gewordenen Kultusgemeinde nicht möglich, für die Pflege der jüdischen Abteilung am Zentralfriedhof zu sorgen, zumal ja auch der Teil beim 5. Tor, der 1917 geweiht wurde, dazugekommen ist. Jahrzehntelang konnte daher die Natur wuchern, die Grabsteine konnten verwittern und Wind und Wetter dem gesamten Friedhof zusetzen. Es entstand ein regelrechter Dschungel, der gerodet werden musste. Durch private Initiative des Wiener Ehepaares Pagler, das 1991 den Verein „Schalom" mitbegründete, halfen Hunderte Bundesheersoldaten, Schulkinder und sonstige Freiwillige aus dem In- und Ausland in 150.000 Arbeitsstunden, um den Friedhof wieder sicher begehbar zu machen. Die wuchernden Sträucher und Bäume wurden zurechtgestutzt, umgefallene Grabsteine wieder aufgerichtet, verblasste Inschriften restauriert. Das Projekt wurde von zahlreichen Politikern, von Firmen und Institutionen mit Sach- und Geldspenden unterstützt. Berufsvereinigungen nahmen sich der Gräber von Fachkollegen an. Außerdem ermöglichte eine größere Spende den Aufbau einer Datenbank, in der alle auf dem Friedhof beigesetzten Toten verzeichnet wurden. Diese Datenbank wurde ergänzt durch Sterbekarteien und Matrikelbücher der Kultusgemeinde und auch auf andere Friedhöfe in Wien, Niederösterreich und im Burgenland ausgeweitet. So entstand ein Datenmaterial, das äußerst hilfreich für die Erfassung der Geschichte des Wiener Judentums ist: Seit 1750 wurden 155.000 Verstorbene allein in Wien erfasst. Damit kann den Nachfahren der zweiten und dritten Generation, die längst nicht mehr

Ein Engel schreibt gegen das Vergessen an: Grabstein am Döblinger Friedhof.

in Österreich leben, Auskunft über die Gräber der Vorfahren gegeben werden.

2001 wurde die Situation durch das Washingtoner Abkommen insofern verändert, als sich in diesem Abkommen die Republik Österreich verpflichtete, die jüdischen Friedhöfe instand zu setzen und zu pflegen. Derzeit fehlt aber noch die gesetzliche Umsetzung dieses Abkommens im Inland, indem etwa die Gemeinden verpflichtet würden, die Pflege der Friedhöfe zu übernehmen. Selten kommt es vor, dass in Israel lebende Nachkommen die Restaurierung eines Steines in Auftrag geben können.

Was die künstlerische Gestaltung des jüdischen Friedhofes beim 1. Tor betrifft, so ist sie von einer stupenden Vielfalt, wie einerseits das schlichte Grabmal des Rabbiners Adolf Schwarz, das aus zwei Gebotstafeln mit hebräischer Aufschrift besteht, andererseits das Mausoleum von Max Fleischer beweist, einem Architekten, der sich auf den Bau von Synagogen spezialisiert hatte und als Mitarbeiter im Büro von Friedrich Schmidt für den Bau des Wiener Rathauses zuständig war. Manche Grabsteine tragen Freimaurersymbole, die auf die Zugehörigkeit des „Verborgenen" zu einer Freimaurerloge schließen lassen. Vielfältig sind die Berufssymbole, wie Schlangen für Ärzte, Paletten für bildende Künstler, ein Lyra für Komponisten. Eine Kanne steht für das Grab eines Leviten, zwei gespreizte Hände sind auf Gräbern von Kohanims zu finden. Über das Leben vieler auf diesem Friedhof Beigesetzter gibt seit

1993 ein Buch mit dem Titel *Hunderttausend Steine*, verfasst von Patricia Steines, Auskunft. Sie hat in akribischer Kleinarbeit nicht nur die Lebensdaten der Verstorbenen, sondern auch viele Details aus deren Biographien zusammengetragen. Nahe der Zeremonienhalle wurden noch 1987 angebrannte und geschändete Thorarollen und Gebetsbücher begraben. Ein flacher Grabstein weist auf die Besonderheit dieser Stätte hin.

Eine leider devastierte Gruft auf dem Döblinger Friedhof.

Stätten der Liebe, der Erinnerung, der Trauer

Grabdenkmäler und private Gedächtnisorte

Grabkreuz am Zentralfriedhof.

Ob man als Wanderer oder Autofahrer unterwegs ist, der Weg ist auf alle Fälle steil und nur schwer zu bewältigen. Vorbei an eleganten Villen und am idyllisch gelegenen Ober-St.-Veiter-Friedhof führt er hinauf bis zur Lainzer Tiergartenmauer, an deren Rand sich eine architektonisch ungewöhnliche Klosteranlage befindet. Betritt man den Vorplatz, meint man in Italien zu sein. Ein Eindruck, der vom Bauherrn bewusst herbeigeführt wurde. Die von einer Kuppel gekrönte kleine Kapelle wurde nach dem Vorbild der Capella Pazzi in Florenz und das angeschlossene Gebäude im Stil eines toskanischen Landhauses aus dem 15. Jahrhundert erbaut. Errichtet wurde die Anlage im Auftrage des Geheimen Rates Graf Karl Lanckoronski, als seine Gattin Franziska, genannt „Fanita", nach einjähriger Ehe im Kindbett starb. An dem Platz, wo ursprünglich der Bau eines Familiensitzes geplant war, sollte nun ein Mausoleum für die geliebte Frau entstehen.

Nach der Eingemeindung von Ober St. Veit galten aber auch dort die Wiener Begräbnisvorschriften, welche die Errichtung einer privaten Begräbnisstätte im Stadtgebiet verboten. Daher ruhen die 1893 verstorbene Fanita und ihr Kind nicht in der für sie bestimmten Grabstätte, sondern am Hietzinger Friedhof. Graf Lanckoronski ließ den 1894 begonnenen Bau trotzdem vollenden und nannte diesen zur Erinnerung an seine Gattin „Faniteum". Zuerst war hier ein Rekonvaleszentenheim für arme Mädchen untergebracht, später ein Kinderheim. Im Jahre 1974 hat der Konvent der Unbeschuhten Karmelitinnen die Anlage erworben und hier den Karmel St. Josef errichtet.

An das Schicksal der Familie Lanckoronski erinnert nur noch das Grabrelief in der Kapelle. Berührend die Darstellung – der Vater hält das tote Kind im Arm und reicht seiner Frau tröstend die Hand.

Die dem Gotteshaus vorgelagerte dreibögige Loggia ist so ausgerichtet, dass man bei klarem Wetter den Stephansdom sehen könnte. Im Blickfeld hätte man dann auch die ehemalige Hofpfarre St. Augustin, in der sich ebenfalls die Gedächtnisstätte an eine große Liebe befindet.

Herzog Albert von Sachsen-Teschen ließ zur Erinnerung an seine Frau Maria Christina, die nach überaus glücklicher Ehe 1798 im Alter von 56 Jahren starb, im rechten Seitenschiff der Kirche ein Pyramidengrab errichten. Erzherzogin Maria Christina, genannt „Mimi", war die Lieblingstochter der österreichischen Herrscherin Maria Theresia gewesen. Sie war auch die Einzige, die von den dynastischen Heiratsplänen ihrer Mutter verschont blieb und eine Liebesehe eingehen durfte.

Das fünf Meter hohe Kenotaph aus Carrara-Marmor – die Erzherzogin ist wie fast alle Habsburger in der Kapuzinergruft begraben – wurde von Antonio Canova entworfen, der dieses ursprünglich für den Maler Tizian geplant hatte. Da dieser Auftrag schließlich nicht zustande gekommen war, kam Canova der Wunsch Herzog Alberts nach einem Grabdenkmal für seine Frau gerade recht. Die Gestaltung des Grabmals ist vom Klassizismus und von der Denkweise der Aufklärung geprägt. Nicht der Schrecken des Todes wird hier, wie in der Barockzeit üblich, dargestellt, sondern die Tugenden der Verstorbenen. *Uxori optimae Albertus* (Der besten Gemahlin, Albert) ist über dem Tor zu lesen, durch das eine Frauengestalt schreitet, welche die Tugend darstellt und eine Urne trägt. Begleitet wird sie von zwei Mädchen mit Totenfackeln. Ihnen folgt die Wohltätigkeit *(Caritas)*, einen blinden Greis am Arm führend. Ein Löwe ruht als Symbol der Macht auf den Stufen. An der Spitze der Pyramide schwebt der Genius der Glückseligkeit mit dem Medaillon der Verstorbenen.

Schüler von Canova wählten später diese Gestaltungsform auch für das Grabmal des Meisters in der Kirche S. Maria dei Frari in Venedig. Eine Kopie des Wiener Originals steht u. a. auch in der Gipsoteca im Geburtsort Antonio Canovas, in Possagno (Region Veneto). Dort sind auch viele andere Gipsmodelle in Originalgröße zu sehen, nach denen dann die Mitarbeiter Canovas die Marmorunikate ausführten.

Die Gedenkstätte an ein tragisch endendes Liebesverhältnis zieht jährlich ca. 100.000 Touristen aus dem In- und Ausland in den in der Nähe von Wien liegenden Ort Mayerling. Dort, in seinem erst zwei Jahre zuvor erworbenen Jagdschloss, erschoss am 30. Jänner 1889 Kronprinz Rudolf zuerst seine damalige Geliebte, Marie Alexandrine Freiin von Vetsera, und dann sich selbst. Die Mayerling-Tragödie bietet seit Jahrzehnten weltweit Stoff für unzählige Bücher, Filme, TV-Dokumentationen, in denen die verschiedensten Versionen über das Geschehene, die vom politischen Mord über Verschwörung bis zum Selbstmord aus Liebe reichen, phantasievoll ausgewalzt werden.

Nach letzten Untersuchungen soll Rudolf zuerst seine blutjunge Geliebte und dann sich selbst erschossen haben. Die Tatwaffe sei angeblich im Besitz des derzeitigen Chefs der Familie, Otto von Habsburg. Ganz aufgeklärt wird diese Tat vermutlich nie werden, denn alle mit dem tragischen Geschehen verbundenen Akteure haben ihr Wissen darüber mit ins Grab genommen. Von Anfang an hat das Herrscherhaus aber selbst durch seine Verschleierungstaktik die Gerüchtebörse genährt. Zuerst hieß es, der Kronprinz sei an einem plötzlichen Herzschlag verstorben. Dann ließ man durch ein Ärztekonsilium eine geistige Verwirrung attestieren, um dadurch die Möglichkeit für ein kirchliches Begräbnis zu bekommen. Dass er nicht allein in den Tod ging, wurde in allen offiziellen Stellungnahmen verschwiegen.

Als am 5. Februar 1889 der Sarg Rudolfs auf einem barocken Leichenwagen, gezogen von sechs Lipizzanern, mit allem Pomp des Hofzeremoniells zur Kapuzinergruft geführt wurde, hatte man bereits Tage vorher Mary Vetsera in einer nächtlichen Aktion auf dem Friedhof des Stiftes Heiligenkreuz beerdigt. Am 31. Jänner, einen Tag nach der Tragödie, war ihr Leichnam von zwei Verwandten abgeholt worden. Man bekleidete die Unglückliche mit Pelzmantel und Hut, bevor man sie, durch

Erinnerung an eine große Liebe: die Grabpyramide für Erzherzogin Maria Christina in der Augustinerkirche, ein Werk Antonio Canovas.

einen Schirm im Rücken aufrecht gehalten, in die Kutsche setzte. Zufällig Vorbeikommenden sollte nicht auffallen, dass aus dem Jagdschloss eine weitere Leiche abtransportiert wurde.

Während Rudolf im Kreise seiner Ahnen die „ewige Ruhe" gefunden hat, wurde die Totenruhe seiner Geliebten noch öfters gestört. Zuerst bestattete man sie bei Sturm und Regen in einem rasch ausgehobenen Grab. Später ließ ihre Mutter den Sarg in eine Gruft umbetten. Im Frühjahr 1945 brachen Sowjetsoldaten, die vermutlich nach Schmuck suchten, die Gruft auf. Man fand später den Schädel der Toten neben dem teilweise zerstörten Sarg liegen. Die Tochter eines ehemaligen Leibjägers von Kaiser Franz Joseph ließ 1959 auf eigene Kosten eine weitere Umbettung vornehmen. Im Sommer 1992 kam es dann zu einer spektakulären Entführung der Leiche durch den Linzer Möbelhändler Helmut Flatzelsteiner. Er ließ heimlich Kleider und Haare der Toten von Experten auf Identität und Todesursache untersuchen. Flatzelsteiner protzte mit seiner Nacht- und Nebelaktion gegenüber einem Zeitungsjournalisten, der die Behörden verständigte. Als man daraufhin die Gruft öffnete, war diese tatsächlich leer. Im Dezember 1992 wurde dann der Sarg samt Leiche von der Polizei in einem Möbellager in Wien sichergestellt. Bevor es am 28. Oktober 1993 zu einer neuerlichen Bestattung und Einsegnung kam, nahm man ebenfalls eine Untersuchung vor. Eindeutig wurde festgestellt, dass Mary Vetsera durch einen Schuss in den Schädel gestorben war.

Die Gedenkstätte für Kronprinz Rudolf in Mayerling.

Rechtes Bild: Der beschädigte Sarg von Mary Vetsera in Mayerling.

Kaiser Franz Joseph ließ das Jagdschloss seines Sohnes zu einem Kloster umbauen und übergab es dem Orden der Karmelitinnen. Dieser kontemplative Orden hat nicht nur die Aufgabe übernommen, für den toten Kronprinzen zu beten, sondern auch jene, die eingerichtete Gedächtnisstätte zu betreuen, die an der Stelle des Schlafzimmers, wo die Tragödie stattgefunden hatte, errichtet worden ist.

Bald nach dem Drama von Mayerling traf das Haus Habsburg ein neuerlicher Schicksalsschlag. Kaiserin Elisabeth wurde am 10. September 1898 in Genf vom italienischen Anarchisten Luigi Lucheni ermordet. Kaiser Franz Joseph war von diesem neuerlichen Drama in seiner Familie zutiefst getroffen. Er liebte seine rastlose, ständig auf Reisen befindliche Frau über alles. Dankbar stimmte er daher dem Vorschlag zu, in der aus Anlass des Jubiläums seines 50. Regierungsjahres geplanten Kaiserjubiläumskirche eine Gedächtniskapelle für seine Sisi zu errichten. Die dem hl. Franz von Assisi geweihte Pfarr- und Garnisonskirche sollte auf dem durch die Donauregulierung gewonnen Land erbaut werden. Der mächtige Backsteinbau am heutigen Mexikoplatz dominiert trotz der im Laufe der Zeit erfolgten dichten Verbauung auch heute noch das Stadtbild von der Reichsbrücke aus.

Die achteckige Gedächtniskapelle wurde der Aachener Pfalzkapelle nachgebildet. Finanziert wurde der Bau durch das Österreichische Rote Kreuz, dessen oberste Schutzherrin Kaiserin Elisabeth war. Daher prangt auch über dem Gittertor das Wappen des Roten Kreuzes im Dop-

MARY
FREIIN VON VETSERA
GEBOREN IN WIEN
19 TEN MARZ 1871
GESTORBEN IN MAYERLING
30 TEN JANUAR 1889.

Im Tode vereint: die Sarkophage von Thronfolger Franz Ferdinand und seiner Gattin Sophie in der Familiengruft in Artstetten.

peladler. Jugendstilengel mit Lorbeerkränzen, Cherubine, deren Flügel als Sinnbild für die Allwissenheit Gottes mit Pfauenaugen geschmückt sind, schweben an den Wänden und an der Decke des Raumes. Im irisierenden Licht des mächtigen Jugendstil-Lusters erstrahlt die Kapelle nach dreijähriger Restaurierung heute wieder in atemberaubender Schönheit – zum Gedächtnis an eine Frau, die ebenso schwer an ihrem Leben litt wie der neun Jahre vor ihr freiwillig in den Tod gegangene Sohn.

Von einer tiefen Zuneigung, die sich über alle höfischen Intrigen und Standesdünkel hinwegsetzte, wird im Schloss Artstetten erzählt, das über der Donau am Eingang zur Wachau thront. In der Gruft stehen nun ohne Rangunterschiede die Särge des Thronfolgers Erzherzog Franz Ferdinand und seiner Frau Sophie, Herzogin von Hohenberg, nebeneinander. Nur kurz, gerade 14 Jahre, währte das hart erkämpfte Eheglück, dem die Schüsse von Sarajevo am 28. Juni 1914 ein dramatisches Ende setzten.

Nach dem Selbstmord von Kronprinz Rudolf wurde dessen Cousin Erzherzog Franz Ferdinand zum Thronfolger ernannt. Der sehr introvertierte Mann fand in Sophie von Chotek, einer Gräfin aus altem böhmischem Adel, seine große Liebe. Da sich der Thronfolger seine Braut aber nicht aus einem regierenden Herrscherhaus geholt hatte, gab der Kaiser erst nach heftigen Kämpfen seine Zustimmung zu dieser aus der Sicht des Hofes nicht standesgemäßen Ehe. Vor der Hochzeit am 1. Juli

Die Familiengruft der Hohenbergs in Artstetten.

1900 musste Franz Ferdinand deshalb einen Thronverzicht für seine künftigen Kinder erklären.
Obwohl Sophie Chotek später zur Herzogin von Hohenberg ernannt wurde, blieb sie vom Hofleben als nicht ebenbürtig ausgeschlossen. Als letzte Ruhestätte wäre ihr daher auch nie die kaiserliche Gruft in der Kapuzinerkirche zugestanden. Aus diesem Grund ließ Franz Ferdinand bereits 1910 auf dem von seinem Vater Erzherzog Carl Ludwig ererbten Familiensitz eine Gruft ausbauen. Er wollte auch im Tod nicht von seiner Frau getrennt werden. Wie rasch dieses Ereignis eintreten würde, ahnte er nicht.
Am 28. Juni 1914 wurden der österreichische Thronfolger Erzherzog Franz Ferdinand und seine Gattin Sophie, Herzogin von Hohenberg, durch den serbischen Studenten Gavrilo Princip in Sarajevo, wo der Erzherzog am Manöver der k. u. k. Armee teilnahm, mit zwei gezielten Pistolenschüssen tödlich verletzt. Der Tod des Paares brachte die Zeremonienmeister am Wiener Hof bei dessen Überführung nach Wien, der Aufbahrung und Bestattung in größte Schwierigkeiten. Die Särge wurden mit einem Sonderzug nach Ragusa (heute Dubrovnik) gebracht, von dort mit dem Schlachtschiff „Viribus unitis" nach Triest geleitet, dann ging es auf der Südbahnstrecke nach Wien. Nach langen Debatten hatte man sich auf ein „Begräbnis III. Klasse" für das Ehepaar geeinigt, denn die nicht ebenbürtige Herzogin könne man ja nicht mit dem gleichen Pomp bestatten wie den Thronfolger. So standen zum nächt-

Das Dachauerkreuz in der Turmkapelle der Michaelerkirche.

lichen Empfang „der höchsten Leichen" am Wiener Südbahnhof auch nur Erzherzog Karl, der nunmehrige Thronfolger, der Obersthofmeister und zwei Kämmerer bereit. Es gab eine kurze Aufbahrung in der Hofburgkapelle, bei der vor dem Sarg des Erzherzogs die Prinzenkrone, der Erzherzogs- und Generalshut sowie Orden und Säbel lagen. Als Insignien für die Stellung der Herzogin hielt das Zeremoniell nur jene für notwendig, die einer Hofdame zustanden: ein Paar weiße Handschuhe und einen Fächer.

Nächtens ging es dann mit der Westbahn nach Pöchlarn, wo in den Morgenstunden ein heftiges Gewitter aufzog, als der Leichenwagen auf die Donaufähre verladen wurde. Die Pferde scheuten bei jedem Donnerschlag und es hätte nicht viel gefehlt, dass die Särge in der Donau gelandet wären. Um 5 Uhr früh war man endlich in Artstetten, wo um 11 Uhr die Beisetzung erfolgte, an welcher der Kaiser nicht teilnahm.

Im Jahre 1923 wurde im Ort Artstetten ein Denkmal für die Gefallenen des Ersten Weltkrieges (später ergänzt durch die zwischen 1939 und 1945 Gefallenen) errichtet. Als erste Opfer wurden die Namen von Erzherzog Franz Ferdinand und seiner Gattin Sophie von Hohenberg angeführt. „Verbunden durch das Band der Ehe, vereint durch dasselbe Schicksal", wie es auf dem Sockel zu lesen ist, auf dem ihre Sarkophage in der Gruft unterhalb der Schlosskirche stehen.

Mit den Schüssen von Sarajevo begann das nicht mehr aufzuhaltende Auseinanderbrechen der Habsburger-Monarchie. Aus den einzelnen Kronländern wurden selbständige Staaten und im verbliebenen Kernland Österreich wurde die nunmehrige Republik Österreich ausgerufen. Die von 1918 bis 1938 währende Ära war geprägt vom teilweise heftigen Parteienstreit zwischen Christlichsozialen und Sozialdemokraten, wobei die ab 1933 illegal tätige NSDAP (Nationalsozialistische Deutsche Arbeiterpartei) den Unfrieden innerhalb der Regierung schürte bzw. für sich nützte.

Wohin ein autoritärer Regierungsstil und ein dadurch entfachter Bruderkrieg führen können, wird dem Besucher in der Kirche St. Michael vor Augen geführt. Rechts vom Eingang befindet sich die Turmkapelle. Zu sehen ist hier ein Relief, auf dem der 1934 ermordete Bundeskanzler Engelbert Dollfuß dargestellt ist. In seiner Blickrichtung befindet sich das an der Seitenwand aufgehängte sogenannte „Dachauer-Kreuz", das der Erinnerung an die in diesem Konzentrationslager zwischen 1938 und 1945 umgekommenen, großteils politischen Häftlinge und an die von den einstigen Gegnern nun gemeinsam ertragenen Leiden dient.

Der christlichsoziale Politiker und Agrarfachmann Dollfuß war nicht nur besonders ehrgeizig, sondern auch von hohem Sendungsbewusstsein erfüllt. 1932 wurde er von den Christlichsozialen zum Bundeskanzler gewählt. Da er von ziemlich kleiner Statur war, wurde er im Volk scherzhaft „Milli-Metternich" genannt. Die wirtschaftliche Not der

DEM
ANDENKEN
DER
ÖSTERREICHER
ERMORDET
UND GESTORBEN
IM K.Z. DACHAU
FÜR
FREIHEIT RECHT U.
MENSCHLICHKEIT
GEWIDMET VON JHREN
ÖSTERREICHISCHEN
KAMERADEN

Gedenktafel für den von NS-Putschisten ermordeten Bundeskanzler Engelbert Dollfuß in der Michaelerkirche.

30er-Jahre des 20. Jahrhunderts heizte die politischen Spannungen zwischen der Regierung Dollfuß und den Sozialdemokraten an. Der berühmte Funke im Pulverfass war schließlich eine von der Polizei am 12. Februar 1934 durchgeführte Suche nach Waffen im Linzer Hotel Schiff, dem Parteilokal der Sozialdemokraten. Daraufhin wurde einige Stunden später in Wien ein Generalstreik ausgerufen, der in der Folge einen selbstzerstörerischen Bürgerkrieg auslöste.

Nach dem Ende dieser blutigen Auseinandersetzung verbot Dollfuß die Sozialdemokratische Partei und ließ führende Mitglieder, denen die Flucht ins Ausland nicht mehr gelang, verhaften. Die gespannte innenpolitische Situation wurde von den Nationalsozialisten für ihre Zwecke genützt. Bei einem Putschversuch wurde Engelbert Dollfuß am 25. Juli 1934 durch zwei Schüsse schwer verwundet. Da die Attentäter ihm jede ärztliche Hilfe verweigerten, verblutete er hilflos in seinen Amtsräumen. Sein Leichnam wurde in der Krypta der Christ-Königskirche (heute Neufünfhaus) im 15. Wiener Gemeindebezirk beigesetzt, wo bereits einer seiner Vorgänger, der katholische Prälat Dr. Ignaz Seipel, bestattet worden war. Nach dem „Anschluss" Österreichs 1938 an Hitler-Deutschland verfügten die NS-Machthaber die sofortige Schließung der „Kanzlergruft". Seipel wurde auf dem Wiener Zentralfriedhof beigesetzt, Dollfuß auf dem Hietzinger Friedhof.

Die von Clemens Holzmeister 1933 errichtete Kirche geht auf die Initiative einer ungewöhnlich tatkräftigen Frau zurück – Hildegard Bur-

Gedenken an Hildegard Burjan, Gründerin der Caritas Socialis, in der Kirche Neu-Fünfhaus.

jan. Sie war die erste christlichsoziale Abgeordnete im Parlament der Ersten Republik und die Gründerin der religiösen Schwesterngemeinschaft Caritas Socialis. Die nach einer schweren Erkrankung zum Katholizismus konvertierte Jüdin wurde 1883 in Görlitz an der Neisse in Schlesien (heute eine zwischen Deutschland und Polen geteilte Stadt) geboren. Durch die berufliche Tätigkeit ihres Mannes kam sie 1909 nach Wien. Sie war eine Pionierin auf dem sozialen Gebiet, zahlreiche bis heute bestehende Projekte wurden von ihr initiiert. Ganz besonders engagierte sich Burjan für die Rechte der berufstätigen Frauen.

Als 1932 ihr geistiger Wegbegleiter, Prälat Dr. Ignaz Seipel, starb, setzte sie sich für diesen Kirchenbau zu seinem Gedächtnis ein, dessen Fertigstellung sie aber nicht mehr erlebte. Hildegard Burjan starb, erst 50 Jahre alt, am 11. Juni 1933. Eine Gedächtnistafel beim Kircheneingang erinnert an diese bedeutende Frau. Die Ruhestätte von Hildegard Burjan, mit dem von Clemens Holzmeister gestalteten Grabstein, befindet sich am Wiener Zentralfriedhof. Im Mutterhaus der Caritas Socialis, im 9. Bezirk in der Pramergasse, wurde 1999 eine Gedächtniskapelle eingeweiht, in welcher seit 2005, nach der für die laufende Seligsprechung erforderlichen Exhumierung, die sterblichen Überreste von Hildegard Burjan ruhen.

Als im März 1938 der „Anschluss" an Hitler-Deutschland vollzogen war und Österreich zu existieren aufgehört hatte, gab es nicht nur den stets

zitierten Jubel über die „Heimholung ins Reich" am Wiener Heldenplatz. Ab diesem Zeitpunkt begannen sich bereits die ersten Widerstände gegen das NS-Regime zu formieren. Zu einer machtvollen Kundgebung der Katholischen Jugend kam es am 7. Oktober 1938, als Kardinal Dr. Theodor Innitzer zu einer Rosenkranzandacht in den Stephansdom einlud. Der Einladung folgten ungefähr 7000 Jugendliche, die anschließend vor dem Erzbischöflichen Palais ein begeistertes Bekenntnis für Österreich und die Kirche ablegten.
Bereits am nächsten Tag kam es zu einem Sturm der Hitlerjugend auf das Erzbischöfliche Palais. Auf der Jagd nach Kardinal Innitzer, der rechtzeitig in Sicherheit gebracht werden konnte, warf die tobende Meute den ihnen in die Quere kommenden und sich heftig wehrenden Domkuraten Johannes Krawarik mit dem Ruf „Hinunter mit ihm!" aus dem 2. Stock des Churhauses in den Hof. Ein Sandhaufen bremste den Sturz und Krawarik kam mit Beinbrüchen davon, erlitt aber einen schweren Schock. Eine Gedächtnistafel im Eingang zum Churhaus (Stephansplatz 3) erinnert an dieses Ereignis.
Nachdem jegliche kirchliche Vereinsarbeit und Gemeinschaftsbildung sofort verboten worden war, kam es 1941 zur nächsten einschneidenden Maßnahme gegen die katholische Kirche. Insgesamt 26 große Stifte sowie 188 Männer- und Frauenklöster wurden entweder beschlagnahmt oder aufgehoben. Davon betroffen war auch das Augustiner-Chorherrenstift Klosterneuburg, das seine Patres auf inkorporierte Pfarren des Stiftes aufteilen musste. Unter ihnen war auch der Pionier der volksliturgischen Bewegung, der Chorherr Pius Parsch. Er war es, der sich bereits zu Beginn des 20. Jahrhunderts für die Einbeziehung des Volkes in den Gottesdienst durch die Einführung einer Bet-Sing-Messe in deutscher Sprache einsetzte. Das Gedankengut des Augustiner-Chorherrn Parsch fand später vielfach Eingang in die Liturgiereform des II. Vaticanums.
Im 21. Bezirk, in Floridsdorf, am heutigen Pius-Parsch-Platz, steht die Kirche zum hl. Josef. Dorthin zog sich der Augustiner-Chorherr nach der Auflassung des Stiftes zurück. Insgesamt 84 Stufen führen zur Turmstube hinauf, in der Pius Parsch auf 15 Quadratmetern wohnte und seinen Studien nachging, bis er 1946 wieder nach Klosterneuburg zurückkehren konnte. Begraben ist Pius Parsch, der 1954 starb, vor dem Altar der alten romanischen Kirche St. Gertrud in Klosterneuburg. In seiner, wie er sie selbst nannte, „Experimentierkirche" hatte er eine sehr aktive Gemeinde um sich gesammelt, wo auch die ersten von ihm konzipierten Bibel- und Liturgierunden stattfanden.
Das in der Kirche St. Gertrud stehende Harmonium führt zu einem weiteren Augustiner-Chorherrn – zu Roman Karl Scholz. Er war, wie auf seinem Grabstein am idyllischen Heiligenstädter Friedhof zu lesen ist, „der Gründer der größten Widerstandsbewegung in Österreich". Eine Namensliste der Angehörigen der Scholz-Gruppe ver-

steckte man vor dem Zugriff der Gestapo in einem Geheimfach in der Rückwand dieses Harmoniums, das damals in einer Privatwohnung stand.
Scholz, der anfangs vom Nationalsozialismus begeistert war, erkannte aber rasch die Brutalität und Gefahren dieses Regimes. Mit seinem Freund Viktor Reimann gründete er 1938 die „Österreichische Freiheitsbewegung", der sich auch die Widerstandsgruppe des Rechtsanwaltes Jakob Kastelic anschloss. Die Bewegung, der ca. 400 Mitglieder angehörten, gliederte sich in mehrere Untergruppen. Verraten wurde die Freiheitsbewegung durch einen Gestapo-Spitzel, den Wiener Burgschauspieler Otto Hartmann. Scholz wurde am 22. Juli 1940 verhaftet und am 10. Mai 1944 im Wiener Landesgericht hingerichtet. Seine letzten Worte waren: „Für Christus und Österreich!" Im Zentrum von Klosterneuburg erinnert der Roman-Karl-Scholz-Platz an diesen Widerstandskämpfer. Im Stift werden Erinnerungsstücke an ihn aufbewahrt, wie sein Brevier, sein politisches Testament und sein Abschiedsbrief, in dem Roman Karl Scholz, sein Schicksal annehmend, schreibt: „Ohne Gottes Gnaden wäre es nicht leicht zu tragen. Vergnügen ist der Henkerstod ja keines."
Eine weitere Erinnerungsstätte an einen priesterlichen Widerstandskämpfer gibt es in der Pfarre Gersthof. Am 28. März 1944 wurde hier Kaplan DDr. Heinrich Maier nach der heiligen Messe in der Sakristei von der Gestapo verhaftet. Maier engagierte sich trotz Warnung seiner kirchlichen Vorgesetzten im Widerstand gegen das NS-Regime. Er war der Ansicht, dass er als Priester auch politisch die Aufgabe habe, als Vorbild voranzugehen. Er nahm 1940 Verbindung zu gleichgesinnten Österreichern und zu Widerstandsgruppen in Deutschland auf. Ab 1943 kam es auch zu Kontakten mit alliierten Geheimdiensten. Durch einen eingeschleusten Spitzel war die Gestapo bald über alle Vorhaben informiert. Man wartete nur den günstigsten Zeitpunkt für den Zugriff ab. Nach seiner Verhaftung wurde Maier in das KZ Mauthausen gebracht und brutalst gefoltert, um Geständnisse aus ihm herauszupressen. Heinrich Maier aber schwieg. Am letzten Hinrichtungstag im Wiener Landesgericht, am 22. März 1945, trat der erst 37-jährige Priester seinen letzten Weg zum Schafott an.
Er wurde zuerst in einem Massengrab der in Wien „Geköpften" am Wiener Zentralfriedhof verscharrt. Gleich nach Kriegsende begaben sich Freunde auf die Suche nach dem Leichnam Maiers. Nachdem man diesen gefunden und identifiziert hatte, wurde er gemeinsam mit zwei ebenfalls hingerichteten Widerstandskämpfern (Ing. Klepell und Dr. Wyhnal) am Neustifter Friedhof bestattet.
An der Stätte seines priesterlichen Wirkens, in der dem hl. Leopold geweihten Pfarrkirche Gersthof, wird durch einige beeindruckende Kunstwerke die Erinnerung an Kaplan DDr. Heinrich Maier wachgehalten. Eine von Hans Schwabenicky angefertigte Holzstatue zeigt den

Kapelle für Schwester Maria Restituta, Opfer des NS-Regimes.

Priester Maier mit wie zu einem stummen Schrei erhobenen Händen, aber ohne Kopf. Zwischen den Händen fällt der Blick auf ein Kreuz. Ein Ärmel der Soutane ist gestreift, in Erinnerung an die KZ-Kleidung. Die Statue steht, gleichsam als 15. Station des Kreuzweges, in einer Nische im linken Seitenschiff. Der Eckstein des Sockels stammt aus dem berüchtigten Steinbruch von Mauthausen.

In der Heinrich-Maier-Sakristei – hier wurde er verhaftet – ist der sogenannte „Schafottweg“ zu sehen. Der bekannte Künstler Ernst Degasperi hat in 15 Zeichnungen den Leidensweg des Priesters Maier festgehalten. Von Degasperi stammt auch die am Pfarrheim angebrachte Gedenktafel.

Umtost vom Verkehrslärm am Franz-Josefs-Kai, eingezwängt zwischen eine Tankstelle und die Flughafen-Busstation, liegt der Morzinplatz. Hunderte Menschen eilen täglich daran vorbei, ohne vermutlich diese Gedenkstätte zu beachten, die an die erlittenen Qualen Tausender Menschen erinnern soll. Wo heute der Leopold-Figl-Hof steht, hatte sich im damaligen Hotel Metropol die Wiener Leitstelle der Gestapo (Geheime Staatspolizei) einquartiert. Hier begann, wie es auf dem Gedenkstein steht, „für die Bekenner Österreichs die Hölle. Es war für viele von ihnen der Vorhof des Todes ...“ Das Denkmal, das ein Tor – eben jenes zur Hölle – darstellt, ist aus Steinblöcken aus dem Steinbruch des berüchtigten KZ Mauthausen gefertigt. Die von der Gestapo Verhafteten wurden von dem in der Salztorgasse 6 befindlichen

Die seliggesprochene Schwester Maria Restituta, mit bürgerlichem Namen Helene Kafka.

Seiteneingang in die Folterkeller gebracht, wo man auf brutalste Weise versuchte, Geständnisse aus ihnen herauszupressen. Laut Übernahmebuch wurden hier von März bis Dezember 1938 bereits 20.973 Schutzhäftlinge „behandelt“. Heute befindet sich dort der Eingang zu einer öffentlichen Gedenkstätte

Am 18. Februar 1942 verhaftete die Gestapo direkt aus dem Operationssaal des Krankenhauses Mödling die geistliche Schwester Restituta, die hier als Operationsschwester tätig war. Helene Kafka, wie sie mit bürgerlichem Namen hieß, gehörte dem Orden der „Franziskanerinnen von der christlichen Liebe“ (Hartmannschwestern) an. Sr. Restituta war eine sehr resolute Frau. Trotz Verbot hängte sie Kreuze in den Spitalszimmern auf und weigerte sich trotz Anordnung, diese abzunehmen. Ihre Aversion gegen das Hitler-Regime war im Spital bekannt. Sie ging in die Falle ihrer Gegner, als sie ein gegen das NS-Regime gerichtetes Spott- und Mahngedicht abschrieb. Der Tag ihrer Verhaftung war ein Aschermittwoch und an diesem Tag begann auch ihr Kreuzweg. Nach 13 Monaten Haft tritt sie am 30. März 1943 den Gang zum Schafott an. Sie ist die einzige Ordensfrau im deutschsprachigen Machtbereich des NS-Regimes, die zum Tod verurteilt und tatsächlich hingerichtet wurde. Ihre Leiche wurde nächtens auf dem Wiener Zentralfriedhof verscharrt. Die letzte Ruhestätte von Sr. Maria Restituta ist heute ebenfalls in der Gruppe 40 bei den zwischen 1938 und 1945 ermordeten Widerstandskämpfern zu finden.

Im Kloster der Hartmannschwestern und dem angeschlossenen Spital im 5. Wiener Gemeindebezirk hütet man das Andenken an diese unbeugsame Ordensfrau, die am 21. Juni 1998, anlässlich des Besuches von Papst Johannes Paul II. in Wien, seliggesprochen wurde. Eine ihr zu Ehren eingerichtete Kapelle, Prospekte, Bücher, Devotionalien und eine umfassende Dokumentation informieren den Besucher über Leben und Glaubenszeugnis dieser Ordensfrau.

Opfer des nationalsozialistischen Terrors wurden aber nicht nur die sogenannten „Politischen" und NS-Gegner, sondern vor allem die Juden. Der Vernichtungsplan Adolf Hitlers konzentrierte sich auf die Ausmerzung der jüdischen Rasse. Wenige Gehminuten vom Morzinplatz entfernt liegt der wie eine Insel in der Großstadt in sich abgeschlossene Judenplatz. Hier befand sich im Mittelalter das Zentrum der Judenstadt, bevor 1420 die große Judenverfolgung begann. Mehr als 500 Jahre später brach die „Hatz" auf die jüdischen Mitbürger wieder aus. Seit dem Jahre 2000 erhebt sich am Rande des Platzes ein von Rachel Whiteread geschaffener dunkler Kubus – eine namenlose Bibliothek aus versteinerten Büchern. Dieses Mahnmal soll an die 65.000 der Schoah zum Opfer gefallenen österreichischen Juden erinnern. Im Sockel sind die Namen der 41 Konzentrationslager eingraviert, in denen diese Morde geschahen: Auschwitz, Bergen-Belsen, Theresienstadt ... Der Platz hätte nicht besser ausgewählt werden können, denn in seiner Konzeption ist er eine steinerne Erzählung über Wien und die Juden.
In der Mitte erhebt sich das Denkmal von Gotthold Ephraim Lessing, der sich in seinem dramatischen Gedicht *Nathan der Weise* für die Gleichwertigkeit der drei großen Weltreligionen einsetzte. Dort, wo heute das moderne Mahnmal steht, befanden sich im Mittelalter die Synagoge und die „Schul", die zu den berühmtesten im deutschsprachigen Raum zählte. Unter Herzog Albrecht V. begann 1420 die große Judenverfolgung. Um einer Zwangstaufe zu entkommen, kam es zu einem kollektiven Selbstmord *(kiddusch haschem)* in der selbst angezündeten Synagoge. Der Text auf einer Gedenktafel am Jordan-Haus erinnert an diese Ereignisse und an den wütenden Hass der Wiener: „... So erhob sich 1421 die Flamme des Hasses, wütete durch die ganze Stadt und sühnte die Verbrechen der Hebräerhunde ..." Nach der Schoah des 20. Jahrhunderts wurde diese Tafel, auch wenn sie aus dem 15. Jahrhundert stammt, als eine permanente Schmähung der jüdischen Gemeinde empfunden. Im Jahre 1998 entschloss man sich nach längeren Diskussionen zur Anbringung eines öffentlichen Schuldbekenntnisses. So ist am Judenplatz 6 zu lesen: „... heute bereut die Christenheit ihre Mitschuld an den Judenverfolgungen und erkennt ihr Versagen ..."
Vom Judenplatz zum Mittelpunkt der Stadt, dem Stephansdom, ist es nicht weit. Rechts vom Riesentor ist in die Mauer das Zeichen 05 ein-

graviert. 05 war das Symbol des Widerstandes in Österreich zwischen 1938 und 1945. Es war die Chiffre, unter der sich die verschiedenen Widerstandsbewegungen in Österreich gegen Hitlerdeutschland sammelten. 05 steht für die Initialen O und E: E ist der fünfte Buchstabe im Alphabet, OE bedeutete Österreich.

Eine Widerstandsbewegung innerhalb des Militärs gab es um Major Carl Szokoll, der im April 1945 den Oberfeldwebel Ferdinand Käs beauftragte, mit der anrückenden russischen Armee Kontakt aufzunehmen. Man wollte um jeden Preis eine vollständige Zerstörung der Stadt verhindern. In Wien wurde dieses Unternehmen aber verraten und führende Offiziere mussten dies mit ihrem Leben bezahlen. Am 10. April 1945 erreichte die Rote Armee in Wien die Ringstraße. Am Magistratischen Bezirksamt in Floridsdorf Am Spitz 1 erinnert eine Gedenktafel an die dort am 8. April 1945, zwei Tage vorher, von einem SS-Sonderkommando erhängten Männer: „Sie kämpften und starben für ihr Vaterland, den österreichischen Freiheitskämpfern Major Karl Biedermann, Oberleutnant Rudolf Raschke, Hauptmann Alfred Huth."

Nach 1945, nach dem Zusammenbruch der NS-Diktatur, gab es zwar ein wiedererstandenes Österreich, doch von Selbständigkeit und Freiheit war man noch weit entfernt. Das Land war aufgeteilt unter die vier alliierten Siegermächte und unterlag deren Kontrolle. Es war ein Franziskanerpater, der bei einer Pilgerfahrt in das steirische Mariazell die Intuition hatte, zum Gebet für Österreichs Freiheit aufzurufen.

In der Franziskanerkirche in der Wiener Innenstadt befindet sich auf der linken Seite der Gedächtnisraum, der zugleich die Begräbnisstätte für Pater Petrus Pavlicek OFM ist. Er organisierte 1950 eine Lichter- und Gebetsprozession über die Wiener Ringstraße. Weder die Kirchenleitung noch seine Ordensoberen waren davon begeistert. Unterstützung erhielt der Franziskaner aber vom damaligen Bundeskanzler Leopold Figl: „Und wenn wir beide alleine gehen, mein Vaterland ist mir das wert." Dem jährlichen Bittgang schlossen sich immer mehr Menschen an. Als Bundeskanzler Julius Raab 1955 zu Staatsvertragsverhandlungen nach Moskau flog, ließ er P. Petrus ausrichten: „Lassen Sie beten wie noch nie." Am 15. Mai 1955 konnte vom Balkon des Schlosses Belvedere verkündet werden: „Österreich ist frei!"

ZWEI UNBEKANNTE
DEUTSCHE SOLDATEN
3.65-66

Krieger, Patrioten, Verfolgte

Soldatenfriedhöfe und Kriegerdenkmäler

Im Mai 1977 steht Mira S. nach jahrzehntelangem Suchen endlich am Grab ihres Bruders im niederösterreichischen Mistelbach. Der Weg hierher ins Weinviertel war weit und schwierig, nicht nur für Mira aus St. Petersburg, sondern bereits für Leutnant Alexander S., der hier am 9. April 1945 sein Leben ließ „für die Befreiung der Völker Europas von den faschistischen Eroberern ..." Fern der Heimat hat er am Russischen Soldatenfriedhof am Stadtrand von Mistelbach seine letzte Ruhestätte gefunden.

Das Denkmal für gefallene sowjetische Soldaten auf dem Zentralfriedhof.

Fast zwanzig Jahre dauerte die Suche von Mira S. nach dem Grab ihres Bruders. Der einzige Anhaltspunkt war, dass er knapp vor Wien gefallen sei – mehr nicht. Eine Anfrage über das „Internationale Rote Kreuz" konnte endlich Näheres ermitteln. Mira S. nahm 1970 Kontakt mit der Stadtgemeinde Mistelbach auf. Dann dauerte es aber noch weitere sieben Jahre, bis ein Telegramm aus St. Petersburg (damals noch Leningrad) im Bürgermeisteramt von Mistelbach landete: *Ankomme 6. Mai 1977 Wien-Ost.*

Es war ein Wagnis, das die mutige Russin mit dieser Reise nach Österreich einging. Eine Fahrt ins Ausland gestatteten die Sowjetbehörden in der Regel nur als Gruppenreise, doch Mira S. kam allein. Vermutlich hatte die Intervention des damaligen Bundespräsidenten Rudolf Kirchschläger dazu etwas beigetragen.

Mira S. kam in den folgenden Jahren noch siebenmal nach Österreich. Der letzte Besuch der nun schon alt gewordenen Dame fand 1998 statt. In den zurückliegenden Jahren entstanden sehr persönliche Kontakte zwischen Mistelbach und St. Petersburg. Über das Grab des Leutnants S. der sowjetischen Armee hinweg hatte sich Jahrzehnte nach Kriegsende eine Freundschaft zwischen Menschen entwickelt, deren Angehörige sich einst als Feinde gegenübergestanden waren. So hat der Tod des Leutnants S. einen damals nicht geahnten weiteren Sinn bekommen.

Auf dem Russenfriedhof in Mistelbach sind 918 Gefallene der Roten Armee bestattet. Ungefähr 500 davon hatte man in den 50er-Jahren des 20. Jh. mit Bewilligung der sowjetischen Botschaft aus den umliegenden Orten hierher überführt. Ursprünglich hatte man sie dort begraben, wo sie im Kampf um Wien gefallen waren.

Die mustergültige Pflege und Instandhaltung des Soldatenfriedhofs durch die Stadtgemeinde Mistelbach ist ein herausragendes Beispiel für die Verpflichtung, welche die Republik Österreich mit Artikel 19 des Staatsvertrages übernommen hat, nämlich alle auf österreichischem Gebiet befindlichen Soldatengräber der alliierten Mächte sowie alle Kriegsdenkmäler zu erhalten.

Der Großteil der Soldatenfriedhöfe des Zweiten Weltkrieges, deutscher wie alliierter Gefallener, befindet sich im Osten Österreichs. Hier fanden die heftigsten Kämpfe zwischen den einmarschierenden sowjetischen Truppen und den noch zur letzten Defensive von den NS-Machthabern gezwungenen deutschen Soldaten statt. Auf beiden Seiten waren die Opfer in diesen letzten Tagen des Aprils 1945 groß. Rücksichtslos trieben Hitlers Befehlshaber Alte und Junge noch in einen Kampf, der schon lange verloren war. Alle bisher als unfähig für den Kriegsdienst eingestuften Personen zwischen 16 und 60 Jahren wurden Ende 1944 zum letzten Aufgebot, dem „Volkssturm", einberufen. Sinnlos geopfert, fanden halbe Kinder noch in den letzten Kriegstagen den Tod.

Jahre nach dem Krieg hat man begonnen, die da und dort schnell begrabenen Toten auf Sammelfriedhöfe zu überführen. Allein in Niederösterreich fanden fast 15.000 deutsche Soldaten auf den extra dafür angelegten Friedhöfen von Allentsteig, Blumau, Retz und Oberwölbing ihre nun doch letzte Ruhestätte.

Auch für die verstreut bestatteten Angehörigen der Sowjetarmee wurden, so wie in Mistelbach, gemeinsame Begräbnisstätten errichtet. Mehr als hundert Russenfriedhöfe gibt es allein entlang der Südbahnstrecke. Im Kurort Baden wurden ca. 500 Sowjetarmisten bestattet. Dort ruhen sie nun fern der Heimat als „glorreich Gefallene", wie es auf dem Gedenkstein für die Soldaten der Roten Armee am Wiener Zentralfriedhof zu lesen ist: „Gardisten, dem Vaterland allzeit ergeben. Von Stalingrad kämpfend kamt ihr nach Wien. Fern von der Heimat gabt ihr das Leben für das Glück Eures Volkes hin ..." In niederösterreichischer Erde sollen über 25.000 sowjetische Soldaten ihre letzte Ruhestätte gefunden haben.

Unter dem Motto „Frieden und Versöhnung über Gräber hinweg" leisten immer wieder Jugendorganisationen aus dem In- und Ausland durch freiwillige Einsätze einen Beitrag zur Völkerverständigung. Sie kümmern sich um die Pflege und Wiederherstellung der Soldatenfriedhöfe und unterstützen so die Arbeit des Schwarzen Kreuzes und der Deutschen Kriegsgräberfürsorge. Im Jahre 1997 kamen vierzig Gymnasiasten und Studenten aus Wolgograd (früher Stalingrad) nach St. Pölten, um den dortigen „russischen" Soldatenfriedhof zu sanieren. Aktionen, mit denen doch ein Samen für ein künftig friedlicheres Miteinander über Grenzen hinweg gelegt werden kann.

Der zweitgrößte Friedhof Europas und der größte Österreichs ist der Wiener Zentralfriedhof. Auf dem Areal von rund 2,5 Millionen Quadratmetern sind nicht nur Zivilisten verschiedener Konfessionen begraben, sondern auch Soldaten verschiedener Nationalitäten, die den Tod im Ersten oder Zweiten Weltkrieg fanden: Russen, Serben, Rumänen, Polen, Franzosen und Italiener – Angehörige der k. u. k. Armee ebenso wie der Deutschen Wehrmacht. Ein Großteil derer, die hier ihre letzte Ruhestätte gefunden haben, ist einander einmal als Feind gegenübergestanden. Nun deckt sie alle ohne Unterschied die gleiche Erde und „ewig wahrt ihre Namen die Nachwelt in heiliger Ruh".

In der südlichen Ecke des weitläufigen Friedhofsgeländes befindet sich die größte Gräberstätte des Zweiten Weltkrieges in Österreich. Die hier bestatteten 7031 Soldaten, aber auch einige Rotkreuzschwestern wurden von den verschiedenen Friedhöfen in Wien und Umgebung zwischen 1969 und 1975 hierher überführt. Ein Hochkreuz steht inmitten der Reihen unzähliger kleiner weißer Steinkreuze. Vor einige von ihnen hat man Kerzen oder Blumen hingestellt. Ein Ginkgo-Baum wurde 1995, am 50. Jahrestag des Kriegsendes, gepflanzt. Vermutlich als Symbol des Überlebens, denn Ginkgo-Bäume sollen sogar die Atombombenhölle von Hiroshima und Nagasaki überstanden haben. Auf einem Gedenkstein ist zu lesen: „Gedenket ihrer und der Toten, die in fremder Erde ruhen." Die Namen derer, die nicht geborgen werden konnten und irgendwo im Stadtbereich ruhen, sind auf einer Tafel aufgezeichnet. Die meisten der in der Gruppe 97 Begrabenen verloren ihr Leben in den letzten Phasen der Kriegswirren.
Das erste und älteste Kriegerdenkmal Österreichs steht aber auf keinem Friedhof, sondern im Naturpark Föhrenberge. Ob man sich mit dem Zug vom Süden kommend Wien nähert oder mit dem Auto auf der Autobahn A 2, der majestätisch auf 496 m Höhe am Kleinen Anninger thronende „Tempel des Kriegsruhmes" – allgemein als „Husarentempel" bekannt – ist nicht zu übersehen. Seit 1999 wird er nachts sogar beleuchtet. Der klassizistische Bau wurde nach den Plänen des Architekten Josef Kornhäusel 1813 im Stil eines griechischen Tempels erbaut.

Das älteste Kriegerdenkmal Österreichs: der Husarentempel im Naturpark Föhrenberge (Anninger).

Giebelfiguren am Husarentempel: Die Köpfe wurden zur Zielscheibe für sowjetische Soldaten.

Auftraggeber war Fürst Johann von Liechtenstein, Inhaber der Herrschaft Mödling. Errichtet wurde der Bau zur Erinnerung an die Schlachten von Aspern und Deutsch-Wagram gegen Napoleons Heer im Jahre 1809. Ob gut erfunden oder wirklich wahr, die sieben in der Gruft beigesetzten Husaren sollen angeblich Fürst Liechtenstein im Schlachtengetümmel das Leben gerettet haben. Nicht belegbar ist auch, dass Franz Schubert einmal, ganz dem romantischen Ambiente hingegeben, hier übernachtet und dabei jämmerlich gefroren habe. Dass Ludwig van Beethoven sich auf dieser Höhe einmal ausrastete, stimmt jedenfalls, denn er notierte 1819 in sein Konversationsbüchel: „Auf Liechtensteins Monument der Krieger gewesen."

Ebenfalls nicht erfunden ist, dass sowjetische Soldaten 1945 die Köpfe und Hände der Figuren am Fries des Tempels als Zielscheibe für ihre Schießübungen benutzten. Um die Entzifferung der am Giebel zu lesenden Widmung werden sie sich dagegen kaum bemüht haben: „Für Kaiser und Vaterland und den ausgezeichneten Völkern der österreichischen Monarchie gewidmet."

Der Blick vom Husarentempel ist traumhaft und reicht bis zur Hainburger Pforte. Im Blickfeld liegt auch der Nationalpark Lobau. Dort, am nördlichen Donauufer, finden sich heute noch einige Franzosengräber, in denen ehemalige Gegner der mutigen Husaren von der Anninger-Höhe begraben sind. An die bei Aspern und Eßling stattgefundene Schlacht zwischen Österreichern und Franzosen erinnern in der Au

auch der Napoleonstein und einige noch vorhandene Reste vom Hauptquartier des korsischen Eroberers. Vor der Kirche „Zum hl. Martin" am Asperner Heldenplatz ruht majestätisch der berühmte „Löwe von Aspern" von Anton Dominik Fernkorn. Zum Andenken an die „am 21. und 22. Mai 1809 ruhmvoll gefallenen österreichischen Krieger", die dazu beitrugen, dass der Franzosenkaiser Napoleon Bonaparte seine erste, wenn auch nur geringfügige Niederlage erlitt.

Gedenken an ein Blutbad: der schlafende Löwe von Aspern.

Soldatenfriedhöfe und Kriegerdenkmale erinnern an jene Zeiten, wo Menschen verschiedener Nationalitäten, aufgeputscht von ihren Kriegsherrn, in sinnlosem Hass oder auch aus Angst, bei Befehlsverweigerung das eigene Leben zu verlieren, aufeinander schossen. Es gibt aber auch noch andere Gedenk- und Grabstätten, die von politischer Verblendung, von Verfolgungen aus rassischen Gründen und vom mutigen Einsatz für die Freiheit erzählen. Auch dafür bietet sich der Wiener Zentralfriedhof an, vor allem für einen Gang durch die Geschichte der Ersten Republik Österreich. Eindrucksvoll dokumentieren die Gedenkstätten, wohin ideologisch verblendete Politik führen kann – nämlich zu furchtbaren Gewaltexzessen, die schließlich das Ende des freien Österreich einläuteten.

Links hinter der mächtigen Jugendstilkirche „Zum hl. Karl Borromäus", besser bekannt unter dem Namen Lueger-Gedächtniskirche (Dr. Karl Lueger wurde 1897 Bürgermeister von Wien), steht auf einem Rondeau ein schlichtes Mahnmal: Gewidmet „den Opfern des 15./16. Juli 1927".

Gedenkstelen für die Opfer des 15. und 16. Juli 1927.

An diesem Datum wurde der erste Schritt zum Bürgerkrieg des Jahres 1934 gesetzt. Ursache der Julirevolte war der Freispruch der angeklagten Mitglieder der Frontkämpfervereinigung Deutsch-Österreichs im sogenannten Schattendorfer Prozess. Die drei Angeklagten hatten bei einem Zusammenstoß mit dem Republikanischen Schutzbund zwei Menschen erschossen. Das Urteil goss Öl in die ohnehin zum Zerreißen gespannte Lage zwischen den Sozialdemokraten und den mit den Großdeutschen regierenden Christlichsozialen. Zuerst marschierten in Wien Arbeiterkolonnen aus den Außenbezirken Richtung Innenstadt, dann kam es zu einem Generalstreik. Berittene Polizei kam zum Einsatz, der Justizpalast wurde gestürmt, Schüsse fielen. Ergebnis: 89 tote Demonstranten, fünf tote Polizisten und mehrere hundert Verletzte auf beiden Seiten. Tödlicher Hass beherrschte die politische Szene, der erst durch das später gemeinsam erlittene Leid in den Nazi-Konzentrationslagern überwunden werden konnte. Heimito von Doderer hat übrigens die Ereignisse des Juli 1927 in seinem Roman *Die Dämonen* verarbeitet.

Eine breite Straße führt zur nächsten Station der unseligen politischen Auseinandersetzungen in der Ersten Republik. Ein riesiger Engel hebt auf diesem Mahnmal anklagend einen toten Körper zum Himmel: „Den im Jahre 1934 gefallenen Helden der Pflicht – das dankbare Vaterland." Der Dank gilt den Toten bei Polizei, Bundesheer und Freiwilligen des Schutzkorps, die hier begraben sind. An dieser für die Zukunft Öster-

reichs unheilvollen blutigen Auseinandersetzung standen sich die Sozialdemokratische Arbeiterpartei mit dem Republikanischen Schutzbund auf der einen Seite und die autoritär regierende christlichsoziale Dollfuß-Regierung mit der Heimwehr auf der anderen Seite gegenüber. Hunderte Tote und mehr als tausend Verletzte waren das Ergebnis der zwei Tage dauernden Kämpfe, von denen fast ganz Österreich erfasst war. Vier Jahre später marschierten deutsche Truppen über die österreichische Grenze, der „Anschluss“ an Hitler-Deutschland war vollzogen und aus Österreich wurde für sieben Jahre die „Ostmark“. Christlichsoziale, Sozialdemokraten, Monarchisten und Katholiken waren nun gemeinsam dem Leiden und der Verfolgung unterworfen.
In der Gruppe 40 ragt eine hohe Stele mit der Inschrift *In memoriam* in den Himmel. Sie wurde errichtet zum Gedächtnis an mehr als 1000 Frauen und Männer, die zwischen 1934 und 1945 ermordet und später hierher überführt worden waren. Unter ihnen auch 40 politische Häftlinge, die am 6. April 1945 in Hadersdorf am Kamp erschossen worden waren. Als die Rote Armee bereits vor den Toren Wiens stand, entschloss sich die Gefängnisleitung der Strafanstalt Krems/Stein, die hier Inhaftierten freizulassen, die sich in Gruppen auf den Weg machten. In Hadersdorf endete für 40 Männer aus verschiedenen Ländern der Marsch in die Freiheit. Sie wurden von der sich hier verschanzenden Einheit 61 der Waffen-SS festgenommen und erschossen. Ursprünglich waren die Toten in einem Massengrab, das sie selbst ausheben mussten, verscharrt. Im Jahre 1946 hat man sie hierher auf den Zentralfriedhof überführt.
Ihre letzte Ruhestätte fanden in dieser Begräbnisstätte auch mehrere von den SS-Schergen ermordete Häftlinge des KZ-Nebenlagers Hinterbrühl. In der nahen, 1944 von der deutschen Wehrmacht ausgepumpten und trockengelegten Seegrotte arbeiteten ungefähr 1800 politische Häftlinge und auch Zwangsarbeiter aus ganz Europa in der Flugzeugproduktion. Gearbeitet wurde hier auch an der Herstellung des ersten Düsenjägers der Welt (Heinkel HE 162 Salamander). Im April 1945, als die Rote Armee bereits auf niederösterreichischem Gebiet stand, sprengte ein deutsches Sprengkommando das unterirdische Flugzeugwerk. Einen Großteil der Häftlinge schickte man auf den 200 km langen Marsch in das KZ Mauthausen, einige ermordete man gleich an Ort und Stelle. Auch Mauthausen erreichten nicht viele, ausgemergelt, wie sie waren, starben sie unterwegs an den Strapazen.
Ein beschämendes Kapitel auch noch für die Zweite Republik Österreich wurde im April 2002 beendet. Die Gemeinde Wien ließ nach langen Diskussionen die in der ehemaligen NS-Anstalt „Am Spiegelgrund“ in Penzing ermordeten Kinder in einem Ehrengrab bestatten. Jahrelang konnte man sich nicht entschließen, den auf grauenvolle Weise umgekommenen Kindern oder dem, was von diesen in Gläsern konserviert worden war und in Kellern lagerte, eine würdevolle Grabstätte zu

Gedenkstätte für das KZ-Nebenlager Hinterbrühl.

geben. Die Entscheidung, den Toten, auch wenn von diesen oft nur noch Leichenteile vorhanden waren, die letzte Ehre zu erweisen oder dem medizinischen Forschungsdrang Vorrang einzuräumen, fiel anscheinend schwer.

Während der NS-Zeit waren Ärzte und Hebammen durch einen geheimen Runderlass verpflichtet, psychische und physische Erkrankungen oder sonstige soziale Verhaltensauffälligkeiten sofort zu melden. Was nicht in Hitlers Wahn vom perfekten und rassenreinen Menschen passte, wurde als „unwertes Leben" eingestuft. Unter dem Vorwand einer notwendigen Behandlung wurde mit diesen Kindern medizinisch experimentiert, um sie dann gezielt zu Tode zu bringen. Über 700 Kinder fanden allein „Am Spiegelgrund" ein grauenvolles Ende. Ihre Gehirne, Eingeweide und sonstigen Körperteile wurden in Gläsern konserviert und für wissenschaftliche Tätigkeiten nach dem Krieg aufgehoben. Nun gibt es auch für sie eine Gedenkstätte nahe jenen anderen Opfern des NS-Regimes.

Selbst das Ende des Zweiten Weltkrieges setzte unter das Morden und die Verfolgung Unschuldiger keinen Schlussstrich. Das Kapitel „Vertreibung" wurde mit dem berüchtigten „Brünner Todesmarsch" eröffnet. Am 31. Mai 1945, dem Fronleichnamstag, wurden die deutschsprachigen, altösterreichischen Bewohner von Brünn und Umgebung am Hauptplatz der Stadt für den 55 Kilometer langen Marsch zur tschechisch-österreichischen Grenze zusammengetrieben. Mit dem Not-

wendigsten beladen, machten sich 27.000 Frauen mit ihren Kindern sowie kranke und alte Menschen auf diesen Marsch.
Für viele der Zusammengetriebenen begann an diesem Tag der Weg in den Tod. Sie starben an Hunger, Erschöpfung, Typhus oder durch einen Genickschuss der tschechischen Begleitung. Organisiert wurde diese Vertreibung von den Arbeitern der Brünner Waffenwerke „Zbrojovka", die während des Krieges für Hitler-Deutschland Waffen erzeugt hatten und sich nun vor allem den einmarschierenden sowjetischen Truppen gegenüber als „gute Patrioten" beweisen wollten.
Nach heutigen Recherchen kann von 5200 Toten gesprochen werden, die entweder auf tschechischer Seite in Massengräbern verscharrt wurden oder entlang der Straße nach Österreich in Einzelgräbern ruhen. Auch auf den Friedhöfen von Drasenhofen, Poysdorf, Mistelbach, Wolkersdorf und Stammersdorf haben viele Opfer dieses Todesmarsches ihre letzte Ruhestätte gefunden. Im Zentral-Friedhof des Heurigenortes Stammersdorf liegen in der Gruppe 13 in einem Eckgrab 105 ehemalige Brünner begraben. Auf dem schlichten Grabstein ist zu lesen: „1945 stürzte für sie eine Welt zusammen. Sie suchten die Freiheit und fanden den Tod. Zum Gedenken an 105 heimatvertriebene Brünner ..."

Seegrotte Hinterbrühl: KZ-Häftlinge arbeiteten hier unter unmenschlichen Bedingungen.

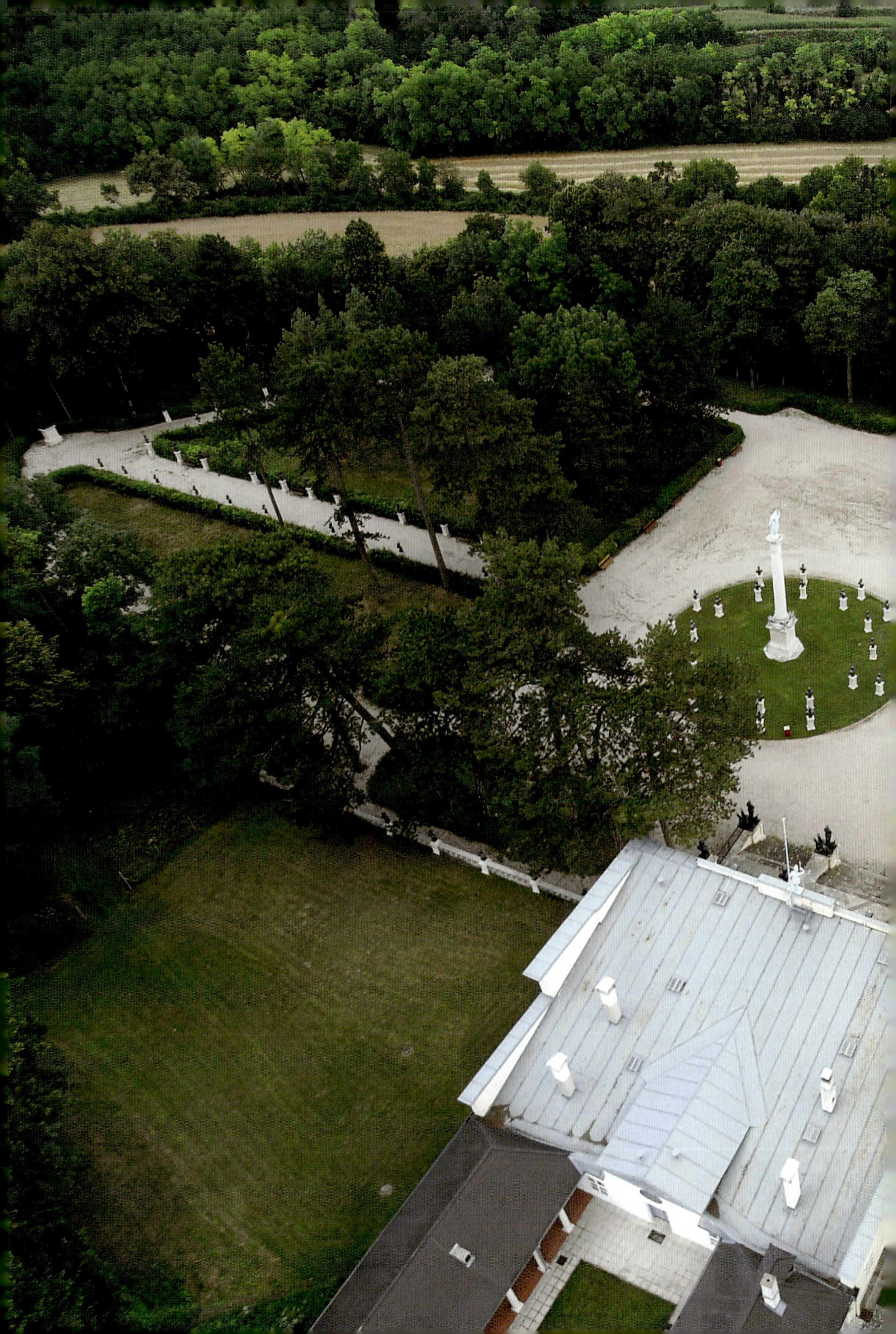

Das Walhalla eines Privatiers

Der Heldenberg in Klein-Wetzdorf

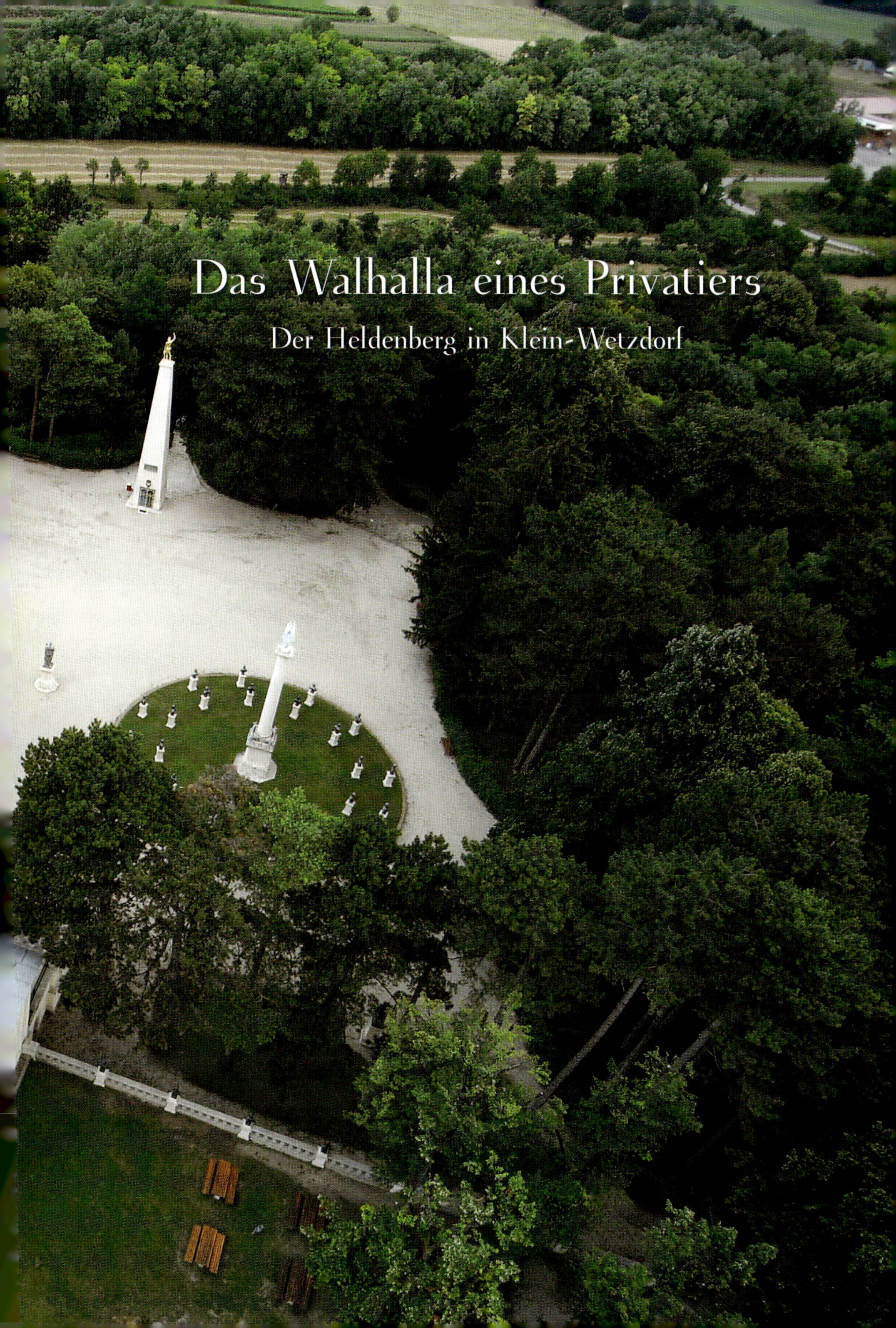

ERBAUET
ANNO 1849

Obelisk mit Todesgenius – die Tür führt zur Grabkammer.

Es war der Privatier und ehemalige Heereslieferant Joseph Gottfried Pargfrieder, der eine Art Arlington, eine Gedenkstätte für die kaiserliche Armee, schuf. Im nördlichen Niederösterreich in der Gegend um Stockerau besaß Pargfrieder ein Schloss und einen Gutsbetrieb. Diesem Biedermeiermillionär, einem klassischen Aufsteiger, gelang es, Johann Joseph Wenzel Anton Karl Graf Radetzky zu Radetz, den kaiserlichen Feldmarschall und Liebling seiner Soldaten, davon zu überzeugen, dass er ihm seine sterblichen Überreste für ein Walhalla der kaiserlichen Armee zur Verfügung stellen müsse.
Wer war dieser Sonderling, um den sich viele Gerüchte ranken, der angeblich alle Schulden des stets in Geldnöten befindlichen Radetzky bezahlte, und nicht nur die Radetzkys, sondern auch die anderer Offiziere? Denn der Dienst in der kaiserlichen Armee brachte zwar hohes Prestige in den oberen Rängen, aber kaum ein entsprechendes Salär. Weder Geburtsort noch Geburtsjahr Pargfrieders sind exakt bekannt, die Angaben schwanken zwischen 1775 und 1789, wobei letztere Zahl wahrscheinlicher ist. Legenden, die er selbst nährte, berichten von einer Liaison Kaiser Josephs II. mit einer schönen Jüdin, die Pargfrieders Mutter gewesen sein soll. Er hat diesen Gerüchten nie widersprochen, sie höchstens amüsiert mit einem Lächeln quittiert. Auch Kaiser Franz I. ließ nie dementieren, aus Hofkreisen um Polizeiminister Johann Kempen von Fichtenstamm und Karl Ludwig Graf Grünne, Generaladjutant des Kaisers, gab es dahingehende Vermutungen. Jedenfalls wurde Pargfrieder vermutlich in der Gegend von Marchegg geboren, übrigens eine sehr beliebte Jagdgegend der Habsburgerherrscher. Außerdem weisen nicht ganz klare Abkürzungen am Löwentor des Wetzdorfer Schlosses und auch auf seinem Sarg auf diese mögliche Abkunft hin. Etwa die Buchstaben KISIPFVF, die als *Kaiser Josephs Sohn, Joseph Pargfrieder vivi fecit* (= ließ errichten) gelesen werden können. Pargfrieder hinterließ persönliche Aufzeichnungen, die darüber auch keine Aufklärung geben. Seine mögliche Mutter, eine Anna Maria Moser, soll schon 1790 verstorben sein. Ob er adoptiert wurde, woher der völlig andere Name kommt, wo Pargfrieder seine Ausbildung genoss und wie er seine Jugendjahre verbrachte, bleibt im Dunkeln. Angeblich lebte er bis in die 1830-er Jahre in Budapest. Nach eigener Aussage soll er zahlreiche Länder Europas bereist, sich aber auch in Afrika und Asien aufgehalten haben. Jedenfalls verdiente er schon während der Napoleonischen Kriege durch Heereslieferungen, vor allem Lebensmittel, Schuhwerk und Textilien, entsprechend viel Geld, so dass er 1832 vom Znaimer Kreishauptmann das Gut Wetzdorf erwerben konnte. Er ließ das Gut um Unsummen sanieren und auf den neusten Stand der Technik bringen.
Pargfrieders Beziehungen zu Radetzky und zu Offizierskreisen im Allgemeinen verwundern bei einem Heereslieferanten keineswegs, außerdem befanden sich die Offiziere ständig in finanziellen Nöten, während

Pargfrieder immer ein weites Herz für die von ihm offenbar bewunderten Offiziere hatte. Bei Radetzky lag die Situation so, dass er zwar altem, aber verarmtem Adel entstammte und auch durch eine Heirat seine finanzielle Lage nicht verbesserte. Dazu hatte das Ehepaar acht Kinder zu versorgen, für fünf Söhne musste die standesgemäße Ausbildung bezahlt werden, drei Töchter sollten möglichst gut verheiratet werden. Zu all diesen Lasten kam der unstete Lebenswandel der Familie Radetzky, sie wechselten insgesamt zwölfmal den Wohnsitz. In seiner privaten Korrespondenz bezeichnete Radetzky den Freund Pargfrieder als „Wundermann", der ihn des Öfteren in finanziellen Fragen beriet und ihm auch aus der Klemme half. Aus einem Dokument, das bei Restaurierung von Schloss Wetzdorf gefunden wurde, geht hervor, dass Pargfrieder seinem Freund eine Schuld von 56.000 Gulden erlassen hatte. Es ist daher sehr plausibel, dass Pargfrieder in den besten Offizierskreisen verkehrte, aber keine gesellschaftlichen Kontakte zu Zivilisten hatte.
Das politische Weltbild Pargfrieders wird man als das eines konservativen, habsburgtreuen Bürgers des Kaiserstaates bezeichnen müssen. In erster Linie war er ein großer Verehrer Napoleons, weil ihm dieser als Überwinder der französischen Revolution galt. Eine Sammlung von 163 Kupferstichen zu Napoleon belegt Pargfrieders große Sympathie für den Korsen. Daher kommt auch seine Wertschätzung für Radetzky und dessen Rolle im Jahre 1848. Für ihn wurde er zum Idol, das den Bestand der Monarchie durch seine Feldzüge gewährleistet hatte. Es ist nicht die Masse der Soldaten, denen er Respekt zollte, sondern die Leistung des Einzelnen, allerdings ohne Unterschied von Rang und Namen. Es zählte nur der tapfere Einsatz, der mit höchsten Auszeichnungen, etwa dem Militär-Maria-Theresien-Orden, belohnt worden war. Diese Einstellung entspricht dem Charakter eines *Selfmademan*, der es ohne Ansehen und Stand zu einem großen Vermögen gebracht hatte. Dazu kam bei Pargfrieder noch eine sehr ausgeprägte philantropische Ader, die auf seine Zugehörigkeit zu den Freimaurern und in weiterer Folge zu den Rosenkreuzern, einem im 17. Jahrhundert entstandenen Geheimbund, der sich im 19. Jahrhundert wieder vermehrten Zulaufs erfreuen konnte, schließen lässt. Toleranz, Weltoffenheit und eine pansophische Einstellung sowie der hohe Stellenwert von Wissenschaft im Naheverhältnis zu Kabbalistik und Alchemie gehören zum Weltbild der Rosenkreuzer. Ob nun auch Radetzky oder Maximilian Freiherr von Wimpffen, der ebenfalls auf dem Heldenberg beigesetzt wurde, Rosenkreuzer waren, lässt sich nicht zwingend behaupten, aber durchaus vermuten. Pargfrieder war nicht Radetzkys geheimer Finanzminister, sondern gehörte ganz offiziell zu seinem Freundeskreis, immer wieder besuchte er Radetzky in Mailand.
Ob Pargfrieders Anliegen, die beiden Offiziere auf seinem Heldenberg beisetzen zu dürfen und mit ihnen gemeinsam zur ewigen Ruhe gebet-

tet zu werden, nur auf den Geltungsdrang eines reich gewordenen Armeelieferanten oder doch auf eine unterschwellige Gesinnungsgemeinschaft zurückzuführen ist, muss also dahingestellt bleiben.

Blick von der Säulenhalle auf den Obelisken.

Die Idee für den Heldenberg dürfte bei Pargfrieder nach den Ereignissen der 1848er-Revolution entstanden sein, jedenfalls geht das gesamte Konzept darauf zurück. Er beschäftigte die Handwerker der dörflichen Umgebung, für den Entwurf der aus Zink gegossenen Plastiken und Büsten sicherte er sich die Mitarbeit von drei Bildhauern. In erster Linie war dies Adam Rammelmayer, wohl Absolvent der kaiserlichen Kunstakademie, aber kein Großer seines Faches, sondern ein Mann, der sich seine Sporen beim Schnitzen von Meerschaumpfeifen verdiente. Was einen großen Teil der Plastiken etwas merkwürdig erscheinen lässt, ist die Tatsache, dass sie geringfügig größer als naturgetreu sind, was im Auge des Betrachters die Dimensionen ein wenig verschiebt.

Die Anlage des Heldenbergs, auf einem Hügel oberhalb von Schloss Wetzdorf liegend, betritt man durch ein dreigliedriges Portal, durch das der Weg hinauf auf den Berg führt. Auf einem künstlich geschaffenen Plateau ließ Pargfrieder eine griechische Säulenhalle errichten, die links und rechts von Balustraden fortgesetzt wird. Ursprünglich sollte in der Säulenhalle ein Invalidenhaus für Mannschaftspersonen eingerichtet werden, aus diesem Projekt ist jedoch nie etwas geworden. Vor den Balustraden befinden sich rechts und links die Denkmäler Radetzkys und Wimpffens. Vor der Säulenhalle ragen in zwei Rondeaus Sieges-

Die Säulenhalle vor dem ursprünglich als Invalidenhaus geplanten Bauwerk.

Kleine Bilder: Treppen hinunter zur Begräbnisstätte. Gedenktafel für Radetzky.

säulen auf, die jeweils in einem Doppelrund von Büsten der Maria-Theresien-Ritter der Feldzüge der Jahre 1848/49 umgeben sind. In der Mitte ist auf einem Sockel eine Statue der Clio, der Muse der Geschichte, postiert. Ihr Blick ist auf einen hochragenden Obelisk gerichtet, an dessen Spitze ein Todesgenius mit gesenkter Fackel steht. In diesem Obelisken befindet sich die Gruft der beiden Feldmarschälle und neun Stufen darunter Pargfrieders eigene Grabstätte. Er wurde nach seinen strengen Anweisungen sitzend in die Rüstung eines Ritters gehüllt. Bei einer Exhumierung in den achtziger Jahren des 20. Jahrhunderts wurde festgestellt, dass alle seine Anweisungen, die im Detail erhalten blieben, befolgt worden waren. Der mit Asphalt einbalsamierte Leichnam trägt einen roten, geblumten seidenen Schlafrock, sein Kopf ist mit einem Käppchen bedeckt. Zahlreiche Symbole und Inschriften in der Gruft wie: „Wir sind nicht tot, weil wir schweigen", Abbildungen von Sonne, Mond, einem Dreieck mit Schlange und ein Kreuz mit vier Rosen deuten eindeutig auf Rosenkreuzer hin. Von diesem Obelisken aus schließt sich in einem elliptischen Bogen die Helden- und Kaiserallee mit Plastiken der Herrscher aus dem Hause Habsburg und ihrer verdienten Armeeführer an. Diese drei Alleebögen führen auf eine solitäre Statue des jugendlichen Kaisers Franz Joseph I. zu. Etwas distanziert dazu befinden sich noch Darstellungen des Grafen Karl O'Donnell, Adjutant des Kaisers, und des bürgerlichen Wiener Fleischhauers Josef Ettenreich, die beide den Kaiser im Jahre 1853 anlässlich des Attentats des ungarischen Schneiders János Libényi gerettet haben. Dazu kamen noch elf überlebensgroße Figuren von Grenadieren, die den Weg hinauf auf den Heldenberg säumten. Sie dienten nach 1945 sowjetischen Besatzungssoldaten als Zielscheibe, daher sind sie kaum erhalten geblieben.

Insgesamt mag man die Anlage merkwürdig, kitschig, unpassend und jeglichen künstlerischen Geschmacks entbehrend finden, sie galt aber als eine patriotische Tat. Und wenn man das Begräbnis Radetzkys und dessen Ablauf betrachtet, so lässt sich ein gewisser ironischer Zug nicht leugnen.

Radetzky starb am 5. Jänner 1858 in Mailand, seine sterblichen Überreste wurden auf seinen ausdrücklichen Wunsch nach Wien geschafft. Hier formierte sich ein riesiger Trauerzug der gesamten Garnison, ein schwarz dekoriertes Pferd und ein gepanzerte Ritter begleiteten den Katafalk zum Stephansdom, wo ein Requiem stattfand. Militärs aus ganz Europa erwiesen dem greisen Feldmarschall, der fünf Kaisern gedient, in 72 Dienstjahren 17 Feldzüge mitgemacht und Logistikgeschichte geschrieben hatte, als er 1850 im Alter von 84 Jahren den ersten Eisenbahnaufmarsch der Geschichte organisierte, die letzte Ehre. Nur ein Zivilist mit Zobelmantel und Zylinder schritt hinter dem Sarg, der Freund Joseph Pargfrieder. Am Tag darauf fand die feierliche Beisetzung auf dem Heldenberg in Wetzdorf statt, Franz Joseph I. reiste in einer offenen Kalesche an und folgte zu Fuß dem Sarg, der mit Marschallstab und Generalshut bedeckt war, bis hinunter in die Gruft. Es war Pargfrieders Triumph, der an diesem 19. Jänner stattfand, ein *No-name*, der sich einer angeblichen höheren Abkunft rühmte, hatte dem Kaiser die Show gestohlen. Dabei hätte Franz Joseph eine große patriotische Kundgebung in Wien aus politischen Gründen sehr gut gebrauchen können.

Nun war der Wahl dieses Ortes für Radetzkys Beisetzung ein langwieriger Diskussionsprozess vorausgegangen. Radetzky selbst hatte lange gezögert. Auch der Wiener Hof unternahm alle Anstrengungen, um dies zu verhindern. Der Kaiser bot Radetzky sogar an, ihn in der Kapuzinergruft beisetzen zu lassen. Vergeblich. Das Angebot Pargfrieders, den Heldenberg gerne an den Kaiser zu veräußern, wurde brüsk abgelehnt. Daraufhin ging Pargfrieder seinerseits in die Offensive und machte am Tag der Beisetzung von Radetzky dem Kaiser den Heldenberg zum Geschenk. Ein Geschenk, das Franz Joseph I. nicht ablehnen konnte, obwohl es ihn brüskierte.

Nach diesem Begräbnis erschien Pargfrieder nicht mehr in der Öffentlichkeit, er starb am 31. Jänner 1863. Wie von ihm angeordnet, wurde seine präparierte Leiche in die Ritterrüstung geschnallt, auf einen Leiterwagen, der von Kühen gezogen wurde, gelegt und ohne geistliche Begleitung in die Gruft gebracht.

Seinen Besitz und ein Barvermögen von acht Millionen Gulden hinterließ Pargfrieder Heinrich Drasche, dem Ehemann seiner „natürlichen" Tochter. Der uneheliche Sohn, der angeblich alles schon zu Lebzeiten bekommen hätte, ging leer aus.

Franz Joseph I. übergab die Anlage 1909 der Armee, derzeit wird der Heldenberg von der Bundesgebäudeverwaltung betreut.

Der belächelte Armeelieferant Pargfrieder hat sich mit „seinem" Heldenberg ein bleibendes Monument errichtet. Auch der spöttische Vers: „Hier liegen drei Helden in ewiger Ruh, zwei lieferten Schlachten, der dritte die Schuh", vermochte an der seltsamen Einzigartigkeit dieser Begräbnisstätte nicht zu rütteln.

Hinweise für den Besuch der Friedhöfe, Krypten und Gedenkstätten

Grüfte, Krypten, Zufluchtsstätten

Michaeler Gruft,
1010 Wien, Michaelerplatz, Führungen nur gegen Voranmeldung unter 0650/533 8003
Katakomben zu St. Stephan,
Führungen halbstündig Mo–Sa 11.00–11.30 und 13.30–16.30, So u. Ftg. 13.30-16.30.
Kapuzinergruft, Neuer Markt, täglich ab 10 Uhr
Dominikaner-Gruft, Postgasse, nur im Rahmen einer Führung
Universitätskirche, Ignaz-Seipel-Platz, geöffnet ganztägig zu Allerseelen und am Karsamstag, sonst jeden ersten Sonntag im Monat
Franziskanerkirche, Franziskanerplatz: Führungen geplant
Kirche Am Hof, Im Rahmen von Wien-Führungen
Grab von Roman Karl Scholz, Heiligenstädter Friedhof, Gruppe 1 (Neuer Teil)
Grab von DDr. Heinrich Maier, Neustifter Friedhof, Gruppe E, Reihe 1
Erinnerungsstätte an DDr. Heinrich Maier, Pfarrkirche Gersthof, Bischof-Faber-Platz
Kapelle und Dokumentationsstätte für Sr. Restituta Kafka,
Hartmannkloster, 1050 Wien, Nikolsdorfergasse 26–36

Krieger, Patrioten, Verfolgte

Zentralfriedhof, Ein Übersichtsplan ist beim Eingang 1110 Wien, Simmeringer Hauptstraße, 2. Tor, erhältlich
Stammersdorfer Zentralfriedhof, 1121 Wien, Stammersdorfer Straße 161, Gruppe 13, Grab 3
Mistelbach, Soldatenfriedhof
Hursarentempel Mödling (Goldene Stiege) oder Gasthof Föhrenberge, Vorderbrühl

Stätten der Liebe, der Erinnerung, der Trauer

Kloster St. Josef (Faniteum), 1130 Wien, Hanschweg 1
Kirche St. Augustin (Canova-Denkmal), 1010 Wien, Augustinerstraße 3
Kirche St. Michael (Engelbert-Dollfuß-Relief), 1010 Wien, Michaelerplatz
Pfarre Neufünfhaus (Seipel-, Dollfuß-, Burjan-Gedächtnisraum), 1150 Wien, Vogelweidplatz 7
Hildegard-Burjan-Gedächtniskapelle, 1090 Wien, Pramergasse 7
Churhaus (Johannes-Krawarik-Gedächtnistafel), 1010 Wien, Stephansplatz 3
Pfarre Floridsdorf (Pius-Parsch-Gedächtnisraum), 1210 Wien, Pius-Parsch-Platz 1
Karmel St. Josef/Mayerling (Kronprinz Rudolf/Mary Vetsera), 2534 Alland, Mayerlingstraße 3
Friedhof Heiligenkreuz, Grabstätte Mary Vetsera
Pfarre Donaustadt (Elisabeth-Kapelle), 1020 Wien, Mexikoplatz 3
Schloss Artstetten/NÖ – Gruft für Erzherzog Franz Ferdinand und seine Frau Sophie, Herzogin von Hohenberg
Kapelle St. Gertrud (Pius-Parsch-Begräbnisstätte) 3400 Klosterneuburg, Leopoldstraße 31
Gedächtnisstätte für NS-Opfer, 1010 Wien, Morzinplatz/Salztorgasse 6

Literaturverzeichnis

Ausstellung „Exitus“ im Wiener Künstlerhaus, Jänner 2008
Wolfgang Bandion, Steinerne Zeugen des Glaubens. Die heiligen Städten der Stadt Wien, Herold Verlag 1989
Werner T. Bauer, Wiener Friedhofsführer, Falter, 1991
Dreifaltigkeitskirche der Minoriten in Wien, Kirchenführer 1984
Ralph und Ilona Gölzer, Ländliche Kirchhöfe und Friedhöfe in NÖ, Selbstverlag
Clemens M. Gruber, Berühmte Gräber in Wien, edition böhlissimo 2002
100 Jahre Wiener Bestattung, Schmid Verlag 2007
Dieter Kindermann, Schicksalsmomente Österreichs – Wie Zeitzeugen sie erlebten. Österreich von der Ersten Republik bis heute, Kremayr & Scheriau 2008
Sabine Klein, Wien und der Tod – Irdische Orte zwischen Himmel und Hölle, Metroverlag 2007
Walter Kleindel, Österreich – Daten, Zahlen, Fakten, aktualisierte Ausgabe 2004
Franz König Kardinal, Der Glaube der Menschen. Christus und die Religionen der Erde, Herder, Wien 1985
Die Michaelergruft in Wien, Kirchenführer
Jan Mikrut, Blutzeugen des Glaubens, Martyrologium des 20. Jahrhunderts, Domverlag 1999
Ders. (Hg.), Faszinierende Gestalten der Kirche Österreichs, Band 3, Domverlag 2001
Peter Pleyel, Friedhöfe in Wien, Pichler, Wien 1999
Reinhard Pohanka, Hinter den Mauern der Stadt. Eine Reise ins mittelalterliche Wien, Herold 1987
Richard Reifenscheid, Die Habsburger in Lebensbildern, Styria 1984
Norbert Rodt/Anton Hecht/Ernst Degasperi, Zeugnis der Auferstehung. Dokumente und Bilder aus dem Leben des Priesters Heinrich Maier, Tyrolia Verlag 1995
Susanne Schaber/Christoph Lingg, Vergessener Völker Müdigkeiten. Friedhöfe in den Kronländern der ehemaligen k. u. k. Monarchie, Picus Verlag 2000
Ingeborg Schödl, Rund um den Dom und durch die „Kirchen Krufften“ zu St. Stephan, Modulverlag 1995
Dies., Mythos Mariazell. Eine Spurensuche, Leykam 2007
Hilde Spiel (Hg.), Der Wiener Kongress in Augenzeugenberichten 1995
Patricia Steines, Hunderttausend Steine, Falter Verlag 1993
Brigitte Timmermann, Die Begräbnisstätten der Habsburger in Wien. Die Kaisergruft und andere, Modulverlag 1996
Sepp Totzel, Wien stirbt anders, Ibera Verlag 2002
Erika Weinzierl, Prüfstand – Österreichs Katholiken und der Nationalsozialismus, Verlag St. Gabriel 1988
Siegfried Weyr, Wien. Zauber der Vorstadt, Zsolnay 1969
Ders., Die Wiener. Zuagraste und Leut' vom Grund, Zsolnay 1971
Wien – Es lebe der Zentralfriedhof, Schmidverlag 2005
Wiener Friedhofsführer, Falter Verlag
Wiener Geschichtsblätter, zahlreiche einzelne Aufsätze
Wiener Zentralfriedhof. Ehrengräber, Schmidverlag

Wort des Fotografen

Als ich mit den Fotoarbeiten zu diesem Buch begann, ahnte ich noch nicht, dass dieses doch sehr morbide Thema eine unglaubliche Faszination auf mich ausüben sollte. Zu fast jeder Tages- und Nachtzeit zog es mich auf die Schauplätze der ewigen Ruhe. Die unterschiedlichen Erscheinungsbilder der letzten Ruhestätten, welche wir lebenden Menschen unseren Verstorbenen widmen versetzen so manchen in Staunen: vom schlichten, oft nur mit einem einfachen Holzkreuz gekennzeichneten Grab bis zum prunkvoll verzierten Metallsarkophag. Der Abstieg in die verschiedensten Grüfte faszinierte besonders. Ist doch das Betreten der letzten Ruhestätten mit gemischten Gefühlen verbunden. Hier erkennt jeder, dass der Endpunkt des Lebens für alle gleich ist!

Manche der Friedhöfe wirkten durch ihre aufwendig gestalteten Gräber auf mich wie eine kleine Dauerausstellung, die jeder bei freiem Eintritt besuchen darf! Kunstvolle Steinmetzarbeiten und oft aufschlussreiche Grabinschriften erweckten in mir den Eindruck, in einem Freilichtmuseum zu wandern. Letztendlich stellen die Gräber und Grabanlagen für mich ein Zeitfenster dar, durch das ich die Möglichkeit habe, in die Vergangenheit Einblick nehmen zu dürfen.

Zur besseren Übersicht setzte ich auch an so manchen Orten meine Luftbildkamera ein. Aus der Vogelperspektive war das Gesamtbild oft besser zu erkennen. Von Drachen gezogen, flog diese über die unterschiedlichsten Schauplätze hinweg.

Ich wünsche dem geschätzten Leser mit diesem Buch einige spannende Stunden und möchte mit meinen Bildern zu einem Besuch der einzelnen Schauplätze und Orte animieren. Denn live ist immer noch am besten!

Robert Bouchal

Noch mehr Fotos, die bei der Arbeit zu diesem spannenden Buch entstanden sind, finden Sie auf **www.bouchal.com**

ISBN: 978-3-85431-471-4

www.pichlerverlag.at

Umschlaggestaltung: Bruno Wegscheider
Produktion und Gestaltung: Alfred Hoffmann

Reproduktion: Pixelstorm, Wien
Druck und Bindung:
Druck und Bindung: Holzhausen Druck und Medien GmbH